# 轻松阅读

## 如何高效阅读一本书

斯蒂芬妖 ◎ 著

中国铁道出版社有限公司
CHINA RAILWAY PUBLISHING HOUSE CO., LTD.

### 图书在版编目（CIP）数据

轻松阅读：如何高效阅读一本书 / 斯蒂芬妖著. --
北京：中国铁道出版社有限公司，2025. 5. -- ISBN 978-7-113-32052-2

Ⅰ. G792

中国国家版本馆 CIP 数据核字第 2025VP2814 号

书　　名：轻松阅读：如何高效阅读一本书
　　　　　QINGSONG YUEDU：RUHE GAOXIAO YUEDU YI BEN SHU
作　　者：斯蒂芬妖

责任编辑：巨　凤　　　编辑部电话：（010）83545974
封面设计：宿　萌
责任校对：苗　丹
责任印制：赵星辰

出版发行：中国铁道出版社有限公司（100054，北京市西城区右安门西街 8 号）
网　　址：https://www.tdpress.com
印　　刷：河北宝昌佳彩印刷有限公司
版　　次：2025 年 5 月第 1 版　2025 年 5 月第 1 次印刷
开　　本：880 mm×1 230 mm　1/32　印张：6.875　字数：170 千
书　　号：ISBN 978-7-113-32052-2
定　　价：59.80 元

**版权所有　侵权必究**

凡购买铁道版图书，如有印制质量问题，请与本社读者服务部联系调换。电话：（010）51873174
打击盗版举报电话：（010）63549461

# 序言

## 从抗拒到热爱，一场阅读的奇妙之旅

我很喜欢阅读纸质书籍，只要一有空闲时间，我就会捧着书享受自己的书香时光。记得有一次，我和家人一起度假，我的先生很惊讶地发现我居然能在短短几个小时内看完一本书，并且还能津津有味地和他分享书中的内容。他好奇地问我："真佩服你，怎么看书看得那么快，还能记住那么多东西？"我当时说："300多页呢，我也看了一下午，好多博主看得比我快多了。"我先生说我是"幸存者偏差"。

朋友也如此，她对我的阅读习惯感到不解，很难想象我如何抽出时间阅读那么多的纸质书。我微笑着解释，阅读并不需要大块的时间，它可以是等车时的片刻宁静，也可以是午休前的悠闲时光。更重要的是，纸质书带来的触感和氛围，是电子屏幕无法替代的。我告诉她，每当翻开一本书，就像是开启了一扇新世界的大门，那种沉浸其中的感觉，是任何数字设备都无法给予的。然而，朋友仍半信半疑，这更加坚定了我传递阅读之美的决心。

这些经历让我意识到，每个人对阅读的态度千差万别。在快节奏的社会中，许多人认为阅读是一种奢侈或负担，而在我所处的读书写

## 轻松阅读：如何高效阅读一本书

作圈，大家却将阅读视为生活的必需品，甚至能通过阅读实现个人价值。这种差异让我深思，也激发了我撰写这本书的念头。我希望通过这本书，帮助那些对阅读感到抗拒或迷茫的人，帮助他们找到阅读的乐趣，掌握阅读的技巧，让阅读成为他们生活中不可或缺的一部分。

其实我也曾有过对阅读抗拒的时期。真正发生改变是在大学阶段，有位好朋友送了我一套余华老师的作品集，使得正被学业压力和生活迷茫所困扰的我被《活着》这本小说治愈。《活着》中福贵的一生，如同一部波澜壮阔的历史长卷，让我在泪水与笑声中体验到了生命的厚重与坚韧。我深刻体会到了文字的力量，它们像一把钥匙，打开了我情感与认知的枷锁，让我在泪水中找到了释放与重生。从那以后，便一发不可收拾，我每天待在图书馆里看文学书籍，深深感受到了阅读的魅力和温暖。

慢慢地，我开始尝试阅读不同类型的书籍。阅读不仅丰富了我的知识储备，还让我在繁忙的工作中找到了一片宁静的港湾。每当遇到困惑或压力时，我总能在某一本书中找到答案或慰藉。更重要的是，阅读让我学会了独立思考，提升了我的表达能力，使我在工作和生活中更加自信和从容。

当然，阅读之于我，其深远的意义远超乎单纯的知识积累。它如同一股清泉，悄无声息地渗透进我生活的每一个角落，让我焕发出前所未有的生机与色彩。阅读，是我与世界对话的独特方式，也是我内心深处不断自我探索与成长的桥梁。它引领我穿越时间与空间的界限，遇见历史上那些深刻的思想者，聆听他们跨越时代的智慧之音；同时，也让我在虚构与现实的交织中，邂逅无数鲜活的灵魂，体验百态人生。这不仅拓宽了我的视野，而且丰富了我的情感世界。

# 序言

  这些年来，书籍成了我最忠实的伴侣。它们不仅为我打开了通往知识宝库的大门，更在无形中塑造了我的性格，提升了我的修养。在阅读的过程中，我有幸结识了一群同样热爱阅读的朋友，我们相聚在书海之畔，彼此分享着那些触动心灵的文字，激烈地辩论着书中的观点，共同享受着思想碰撞带来的火花四溅。这些珍贵的交流，不仅加深了我们之间的友谊，也让我们在相互启发中不断成长。

  为了将这份阅读的喜悦与成长的力量传递给更多人，尤其是那些对阅读充满好奇与向往，却可能因复杂的理论或生僻的知识忘而却步的阅读新手，我在写这本书的过程中，摒弃了晦涩难懂的阅读理论，大部分内容都是源自我的阅读经历和我总结出来的阅读方法，用最朴实无华的语言，分享那些让阅读变得轻松愉快的秘诀。从如何选择适合自己的书籍，到如何营造一个舒适的阅读环境；从如何制订科学合理的阅读计划，到如何运用高效的阅读技巧快速捕捉信息，我都一一进行了深入浅出的阐述。此外，我还特别介绍了如何利用现代科技手段，如 AI 工具等，来辅助阅读，使阅读过程更加高效便捷。无论你是刚刚踏入阅读世界的初学者，还是久未沉浸书海、希望找到阅读新方向的朋友，这本书或许能成为你宝贵的阅读指南。我希望通过我的亲身示范，让你发现，阅读原来可以如此简单和如此享受。

  阅读也是一种实现个人价值增值的途径。在书中，我分享了如何通过阅读积累知识和提升能力，最终将阅读成果转化的经验。无论是通过平台投稿分享阅读感悟，还是撰写讲书稿、创作短视频文案，甚至是建立付费社群与读者共读共成长，书中都提供了具体的案例与实操建议，希望能够真正帮到读者。

  阅读，就像一场充满未知与惊喜的旅行。每一本书都是一个新的

**轻松阅读：如何高效阅读一本书**

起点，每一次翻阅都可能遇见意想不到的风景与人物。这份对未知的渴望与期待，正是阅读魅力的源泉所在。它让我们始终保持一颗好奇心与探索欲，勇敢地走出舒适区，去拥抱更加广阔的世界。

我真诚地希望每一位读者都能感受到阅读的魅力与力量。这不仅仅是在传授阅读技巧与方法，更是在呼唤一种对阅读的热爱与追求。正如我的一位朋友所言："阅读，不仅让我收获了知识，更让我学会了独立思考与表达。它让我变得更加自信与从容，也让我对这个世界充满了更多的热爱与期待。"这也是我想要通过这本书传达给每一位读者的阅读理念。让我们携手共进，在阅读的海洋中遨游，共同探索那些未知的美好与可能。

感谢我的先生，是他的暖心鼓励让我有了源源不断的创作动力；感谢滋雨老师，让我坚定了出书的念头；另外也感谢我的编辑 Sophie 老师，是她的宝贵建议让我能不断完善稿件；当然我更感谢我的读者朋友们，因为有你们的支持才让我写出了这样一部作品。愿这本书能成为你阅读之旅中的一盏明灯，照亮你前行的道路；愿你在阅读的陪伴下，不断发现自我和超越自我，最终成为一个更加优秀和更加自信的人。

斯蒂芬妖

2024 年 8 月

目录

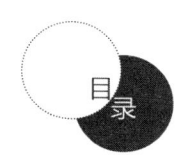

## 第一章

**阅读没那么难** // 1

第一节　刷视频好快乐，读书也能拥有快乐吗 // 3

第二节　20分钟就能听完一本书，何苦还阅读呢 // 9

第三节　读书常见三大误区，你遇到过几个 // 14

第四节　选书也有诀窍，选对书，本本都爱读 // 21

## 第二章

**三个小妙招，让你爱上阅读** // 27

第一节　培养兴趣：营造仪式感 // 29

第二节　养成自律：阅读微习惯 // 35

第三节　增强体验：变换阅读场景 // 44

## 第三章

三种花式阅读方法，轻松提升阅读力 // 47
    第一节　学会"搜集"，有效增长知识 // 49
    第二节　玩"阅读游戏"，提升阅读乐趣 // 59
    第三节　学会"列大纲"，再难的书也能变简单 // 67

## 第四章

掌握高效阅读技能，从阅读新手到阅读高手 // 87
    第一节　书单阅读法，快速成为领域专家 // 89
    第二节　借助 AI 工具，效率倍增 // 101
    第三节　尝试复述，让知识全吸收 // 120

## 第五章

通过读书实现价值转化，完成阅读的跃迁 // 127
    第一节　从输入到输出，把读过的书变成文字 // 129

第二节　学会输出：读书笔记的三种写作方法 // 134

第三节　实现价值转化：阅读转化的四种模式 // 164

第四节　个人成长：价值增值的三种形式 // 188

## 第六章

**阅读是一生的修行** // 195

第一节　值得学习的名作家阅读习惯 // 197

第二节　每周读一本书，把阅读当成一种生活方式 // 200

第三节　一生值得读的好书分享 // 204

# 第一章
## 阅读没那么难

在这个快节奏的时代，刷视频和追热点似乎成了我们日常生活的"快乐源泉"。但你是否想过，阅读也能带来同样的快乐，甚至更深层次的满足？

本章，我们将一起探索阅读的乐趣所在，打破"读书无趣"的偏见。从"刷视频"与"读书"的快乐对比，到帮助你走出"听书代替阅读"的误区，到剖析那些阻碍我们享受阅读之美的常见陷阱，再到体验有效选书的乐趣。本章旨在告诉你：阅读，其实可以很简单、很快乐！

让我们一起踏上这段心灵的愉悦之旅，发现那些藏在字里行间的宝藏吧！

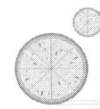

## 第一节　刷视频好快乐，读书也能拥有快乐吗

你有没有过这些经历？

才看两页书就看不进去了，很自然就拿起手机开始刷短视频。

睡前看几行字立马犯困，但是刷视频可以刷到后半夜依然还感觉意犹未尽。

想到看书就感觉完全没有时间，但是刷视频则立马变身"时间管理达人"。

我相信不少人都会感同身受。中国新闻出版研究院发布的第二十一次全国国民阅读调查结果显示：2023 年我国成年国民人均纸质图书阅读量为 4.75 本，人均每天阅读纸质图书 35.69 分钟。而根据《中国网络视听发展研究报告（2024）》的官方数据，我国短视频应用的人均单日使用时长为 151 分钟。刷短视频的时间远远超过了阅读书籍的时间。

所以，短视频的魔力在哪里？

### 一、刷短视频成瘾的原因揭秘

在快节奏的现代生活中，刷短视频仿佛成了一种难以抗拒的潮流，其背后的成瘾机制其实并不复杂，甚至还有些微妙。

**1. 新鲜感**

我也很喜欢刷短视频，毕竟短视频的内容绝对丰富多彩，娱乐八卦、电影信息、各种主播……你可以永远充满期待。的确，短视频以其无尽的内容流，构建了一个看似包罗万象的信息世界。从奇闻逸事到专业知识，每一次滑动都仿佛开启了一扇新世界的大门。

这种新鲜感背后其实隐藏着一个巨大的陷阱——知识错觉！短暂的浏览和碎片化的信息摄入，根本无法替代系统学习和深度思考所带来的真正知识积累。

**2. 视觉听觉多重刺激**

短视频通过精心设计的视觉与听觉元素，如引人入胜的解说、恰到好处的背景音乐以及精心剪辑的画面，将观众的情绪推向一个又一个高潮。这种高强度的感官刺激，让人在短时间内体验到极致的快乐与悲伤，仿佛坐上了情感的过山车。只不过这种短暂而强烈的情感体验，往往缺乏深度和持久性，甚至可能导致情感麻木的加剧。

**3. 社交属性**

回忆一下，你每次刷视频就只是"刷"这一个动作吗？会不会看到喜欢的博主就点个赞，看到实用的内容就点个收藏，又或是看到社会新闻时浏览一下别人的评论，甚至有时候还能与陌生网友在评论区里进行你来我往的互动。这就是短视频的社交属性！

点赞、评论、分享，这些简单的操作不仅满足了人们的社交需求，还让人感受到一种归属感和认同感。然而，这种虚拟的社交互动往往缺乏真实的情感交流和深层次的沟通。它可能让人误以为自己在社交上得到了满足，实际上却可能加剧了孤独感和疏离感。

**4. 快速回馈**

刷短视频最大的一个"好处"就是能收获短期愉悦。

有没有发现很多短视频确实很"短"？那是因为人的专注力很难超过半分钟，一旦超过，大脑就有可能会走神。

于是短视频平台通过算法推荐和短视频时长限制，巧妙地利用人类大脑对新鲜事物的渴望和对即时反馈的追求，让刷视频的人每一次滑动屏幕，都能迅速获得新的刺激，这种快速回馈机制让大脑中的多巴胺水平不断飙升，形成了一种强烈的成瘾效应。

但是这种短期的愉悦如同饮鸩止渴，不仅无法带来长期的满足感和幸福感，反而可能让人陷入无尽的空虚和焦虑之中。

即便了解了短视频成瘾的原因，也依然会有很多人继续沉迷刷短视频，毕竟刷短视频能解压。当然，懂得适可而止才是关键。

然而，乔布斯、Twitter 创始人等科技界和学术界的领军人物，纷纷限制自己或子女对电子产品的使用时间，这绝非偶然。因为他们深知高科技产品背后的成瘾机制以及其对人性和社会的潜在危害。

普林斯顿大学心理学博士亚当·阿尔特也曾说："那些生产和设计高科技产品的人，自己绝不会上瘾。"

作为普通人，我们也应该从中吸取教训，警惕自己陷入"多巴胺陷阱"，学会控制自己的欲望和冲动，寻找更加健康、有意义的娱乐和学习方式。

## 二、改变模式，阅读也能很快乐

诚然，刷短视频很轻松，它轻而易举就能捕获大众的注意力，让人在片刻间便能沉浸在虚拟的欢乐海洋中。但是这种快乐如同蜃景，绚烂却短暂，留下的往往是心灵的空虚与时间的悄然流逝。

相比之下，阅读这件事就没那么容易了。实际上，阅读像是一场心灵的深度旅行，它要求我们放慢脚步，耐心探索文字背后的广阔世界。虽然阅读初期可能伴随着枯燥与挑战，但正如攀登高峰前的艰难跋涉，每一步都铺就了通往壮丽风景的道路。

阅读给予我们的，不仅仅是知识的积累，更是思维的磨砺、情感的共鸣以及灵魂的滋养。这种由内而外的成长与蜕变，是任何即时娱乐所无法比拟的。

当然，我们完全可以按照刷短视频的模式，让阅读这件事也变得简单而愉悦。

**1. 从书本里获得新鲜感**

想要获得新鲜感不必急于啃读厚重的专业书籍，我们可以先从那些充满戏剧张力的悬疑推理小说或引人入胜的武侠小说开始。

还记得我们学生时代看金庸小说的激情吗？书里的故事跌宕起伏，扣人心弦，我们也看得废寝忘食，根本停不下来。悬疑小说也一样，充满着紧张刺激和无限反转的情节。这些作品以其独特的魅力，让读者仿佛置身于一个又一个精心设计的场景中。

罗翔老师曾说过："更重要的一种读书是非功利性的读书。因为只有非功利性的阅读，才能够给我们提供一种真正的人生勇气，去面对人生的大风大浪。"

因此，当我们阅读这些书籍时，不必产生"我没有好好学习"的负罪感，反而应该享受其中带来的思考与感悟。

**2. 读书增加感官刺激**

阅读不仅仅是文字的阅读，更是一种感官的盛宴。我们可以尝试在音乐的陪伴下阅读，让旋律与文字相互交融，营造出独特的阅读氛围。不同类型的书籍可以选择不同风格的音乐，让音乐成为阅读的催化剂，激发我们的情感共鸣。

此外，我们还可以尝试在不同的环境中阅读，如静谧的咖啡馆、清新的公园或庄重的图书馆，这些环境都能为我们的阅读增添一份别样的感受。详见本书第二章的第三节内容。

**3. 创造阅读社交属性**

我有个朋友在自学日语，每隔几天她都会在朋友圈晒出她的学习进度和感悟，我每次都会给她点赞并且评论给她鼓励。我甚至因为她的自律也开始在朋友圈发自己的健身打卡了。

所以，阅读这件事也没有必要"偷偷摸摸"独自进行，我们可以通过社交媒体等平台，分享自己的阅读感悟和心得，并与志同道合的朋友共同交流和探讨。

这种互动不仅能够加深我们对书籍的理解与感悟，还能够激发我们的阅读热情与动力。比如，可以为自己设定一个专属的打卡模式，每天分享自己的阅读进度和感悟，让朋友们见证你的成长与变化（见图1-1）。同时，你也可以从朋友们的分享中获得灵感和动力，共同营造一个积极向上的阅读氛围。

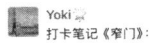

图 1-1　朋友圈打卡

### 4. 阅读也能有快速回馈

为了让阅读成为一种持续的日常活动,我们可以借鉴游戏中的奖励机制来激励自己。

为阅读设定一系列可量化的小目标(如每天阅读半小时、每周读完一本书等),并在完成目标后给予自己适当的奖励。这种即时的反馈与认可能够让我们感受到阅读的成就感与价值感,从而更加积极地投入阅读中去。详见第二章第二节内容。

随着时间的推移,你会发现阅读已经成为一种自然而然的习惯与享受,而你也在这个过程中收获了知识、智慧与成长。

亚里士多德说过:"在追求快乐上,和动物相比,人追求的快乐应该更高级和伟大。"

阅读是一件需要持之以恒的事，前期要投入大量的时间和精力，但一旦"熬"过去，或许你收获的就不仅仅是快乐，还有自信、充实和对生活的热情。

这也是我写这本书的目的，教大家摆脱阅读的痛苦，把阅读当成一件简单又长久的活动。从阅读中获得真正的快乐，而且是永恒的快乐！

我很喜欢读过的一句话：

"海明威阅读海，发现生命是一条要花一辈子才会上钩的鱼；加缪阅读卡夫卡，发现真理已经被讲完一半；在书与书之间，我们的人生存在太多的可能性。"

刷短视频只能给你带来短暂的愉悦，而阅读却能带给你持续的成就感。

在被刷短视频荒废的时间里，我们其实更应该拿起书本，去寻找世界的万丈光芒。

## 第二节 20分钟就能听完一本书，何苦还阅读呢

作为一个整天读书写作的人，我家里的书架上堆满了纸质书。

有一次朋友问我："你到底每年能看多少本书啊？"我略带一丝骄傲地说："至少能看50本吧。"没想到朋友直接不屑地回答了一句："那也不算多嘛，我一年能听100多本书呢！"我一时竟有些哑口无言。

我忍不住思考，在阅读者的群体里面，到底有多少人是"听书"的。根据中国新闻出版研究院发布的第二十一次全国国民阅读调查结

果，2023年有36.3%的成年国民有听书习惯，这个数据每年都在增长。在未成年人群体里，这个比率更高。

这么看来，听书还真是一种时髦的阅读习惯呢！

## 一、听书的意义

我尝试过上下班路上听那种"20分钟听完一本书"的音频，每天就能搞定两本书，还真别说，内心满满的成就感。按这个速度，每年能读几百本书，我简直太有文化了！

听书过瘾是有道理的！轻松入坑，还能随时随地享受！毕竟比起厚重的一本纸质书，听书只需要带着手机就够了。就连做家务、闭目养神时都可以放着当"背景音"，还能"自我催眠"利用碎片时间学了不少知识！

我也发现周围听书的人还真是挺多，甚至把电子书都比下去了：地铁上，很多上班族戴着耳机沉浸式收听各种成功学精华；广场上，有不少健身大爷们随身携带的小音箱里会播放着《曾国藩传》；有一个同事还曾经跟我说过，他在上班途中听完了《明朝那些事儿》……

网络上各种听书平台也是层出不穷，文学、经济学、心理学……只要是你能想象到的书都能找到有声版。当然最受欢迎的类型还是那种"几十分钟听完一本书的精华"系列，在新媒体时代，就主打一个快、准、狠。

总结下来，有声书大大降低了阅读门槛，不用花钱买书和阅读设备，不伤眼睛，不费脑子，不用专门腾出阅读时间，还能创造成就感，对阅读小白来说简直太友好了！

既然有声书这么吃香，那还有必要阅读纸质书吗？

## 二、醒醒吧，听书不等于读书！

经过一个月的听书体验，我发现虽然听了那么多书，我却并没有变得博学。

朋友们，其实在听书与读书之间，横亘着一条不容忽视的鸿沟！在追求知识效率的快车道上，我们或许曾被听书的便捷所吸引，但经过深入实践与反思，我不得不坦诚地相告：听书，终究不等同于读书，其间的差异与局限，值得我们细细剖析。

### ● 听书，独立思考的概率降低

在信息爆炸的时代，听书以其高效和碎片化的特点迅速占领市场，然而，这恰恰也成了滋养懒惰的温床。

很多人为了走阅读"捷径"，会选择听原书解读版，比如"20分钟解读一本书"之类的音频。然而一本精心撰写的几十万字著作，被压缩成短短几千字的音频，只能是浮光掠影的概览，难以触及书籍的深层逻辑与细腻情感。

这些经过他人加工的"二手信息"，虽然有着精彩的解读，但也在无形中剥夺了我们独立思考的机会。毕竟一千个读者心中有一千个哈姆雷特，而你选择只听缩减版时，就失去了自己解读的机会。

长此以往，我们的思维可能会变得懒惰，对书籍只浮于表面的了解。

● **听书虽便捷，但知识沉淀需要多专注**

记得我之前上班路上听了《人类简史》的讲解，不禁啧啧称赞讲书人的总结。但事后当我回忆时，早已忘记听到的内容。这就是听书时面临的问题，我们或许会被讲书人的妙语连珠所吸引，但那份新鲜感与启发感往往难以持久。

与之相反，阅读纸质书籍时，我们可以自由地翻页、停顿、思考。我看纸质书时喜欢边看边标注，也会把一些启发观点马上记在笔记本上，慢慢地我有了自己的知识小文库，有需要时还能随时查阅。这种边读边思、边思边记的过程，加深了我们对知识的理解和记忆。听书则会省略这个过程，"短平快"地听完一个音频，如果没有及时去做记录，就无法做到有效输入。

正如那句老话所说："好记性不如烂笔头"，只有经过亲手记录与反复咀嚼的知识，才能真正成为我们智慧宝库中的一部分。

● **听觉的局限，或影响文字深度体验**

有时候文字的感染力还是得通过"看"来感受。有些书籍的魅力恰恰在于文字的精妙与细腻，这些微妙之处往往难以通过声音来完美传达。

比如，阅读季羡林先生的散文集时，那些如诗如画的文字、深邃隽永的哲理，通过翻阅墨香的纸张，细细品味，更能感受到作者那份对生命、对时间的独特感悟。

对于古典名著《红楼梦》，或许更需要我们在反复阅读中才能逐渐领悟书里的文化内涵、复杂的人物关系\精妙的诗词歌赋以及红楼梦魇里的百味人生。

至于商业领域的经典之作《定位》，其中的理论框架与实战案例更是需要我们通过多次阅读、结合实践才能逐步掌握其精髓。

因此，对于大多数书籍而言，"听"终究只能是一种辅助手段而非替代方式。

## 三、利用好听书，长知识事半功倍

听书当然也有用！"会"听书，让阅读更有效！

### ● 用听书培养习惯

对于那些渴望建立阅读习惯却又因忙碌生活而迟迟未动的朋友来说，听书无疑是最佳起点。它不需要特定的环境，无须翻动书页，只需戴上耳机，就能让思绪随着声音飘向远方。将原本用于碎片娱乐的时间，转化为自我提升的宝贵时刻。

想养成读书好习惯，不妨试着将听书作为打开格局的第一步！

### ● 用听书梳理知识

如果想了解一个新领域或学习新知识点，但是又不知道如何选书，那么听书的解读版就会成为我们的得力助手。通过听书让我们在短时间内把握一本书的精髓，这样不仅可以帮助我们筛选出真正值得深入阅读的书目，还避免了盲目购书带来的浪费。而当我们深入阅读一本干货满满的书籍后，再辅以听书解读梳理知识点，往往能激发新的思考火花，让所学的知识更加立体和全面。

### ● 用听书强化记忆

听书最大的受益人是谁？你觉得是每天听书的你吗？实际上最有

收获的一定是总结归纳这本书的作者！有一种精华文章叫"听书稿"，也就是你听到的那些"20分钟讲解一本书"的原文稿。那些能将复杂内容精炼成"听书稿"的作者，无疑是知识的超级链接者。他们深刻理解原著，还能够以通俗易懂的方式传达给读者。

所以尝试自己撰写听书稿，不仅是对知识记忆的一次深度强化，更是锻炼逻辑思维和提升表达能力的绝佳机会。这个过程会让书籍中的智慧真正内化为我们知识的一部分。

关于"听书稿"的写作方法，我将在第六章进行介绍，先期待一下吧！

空闲之余听听书，怡情又益智，但是听书始终取代不了阅读。

听书就像是一杯清凉的水，快速解渴却无味；而阅读却像是一杯陈香的浓茶，越品越有滋味。

所以，听书与阅读相辅相成，唯有二者并重，我们的知识之树才能茁壮成长，结出丰硕的果实。

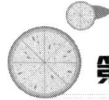

## 第三节 读书常见三大误区，你遇到过几个

读书这件事有时还真的挺极端。爱阅读的人一年能读100本，不爱阅读的人可能连书都懒得摸。我问过好几个朋友，他们不爱读书的原因基本上都是以下几个：

- 对阅读这件事本身没有兴趣；
- 工作生活太忙，没时间读书；
- 看着密密麻麻的文字感到心累，读不下去；

● 各种媒体平台每天信息轰炸，脑容量已满；

● 读了一些书，发现也没什么用，读了也记不住，何必再浪费时间去阅读……

这些原因总结下来，我们发现不爱阅读的人其实是陷入了读书的三大误区。

## 误区一：太忙了，根本抽不出时间看书

没时间读书，是人们不愿意读书最常见的误区。我一边工作一边带娃，每年的阅读量大概在 50 多本，平均一周读一本。这个量其实不算多，但总会有朋友问：

"你是怎么挤出时间阅读的？"

"太羡慕你这个阅读速度了，怎么做到的？"

"这些书你真的都看完了吗？"

我每次都会很耐心地去回答："这不过就是习惯问题和时间管理问题，你一样可以做到。"的确，如果一个人本身就有阅读的习惯，那他随时随地就会想着去看书，因为读书已经成为他生活的一部分。

对于不爱读书但是又似乎很忙的人，我其实也可以反问："那你哪里来的时间打游戏、刷手机、追剧、网购和打麻将呢？"

所以任何事情实质是一样的，只要你喜欢并且愿意，就不存在没有时间的情况。

那么，如何走出误区一呢？

### 1. 培养阅读习惯

这一点很重要，也没有那么难，甚至这个过程很有意思。我们都

知道兴趣是最好的老师，可以先从你喜欢或需要了解的领域挑选书籍，这样阅读时你会更有动力，更容易坚持下去。

然后，可以给自己设定一个实际可行的阅读目标，比如每周读一本书或每天至少阅读半小时。将大目标分解为小任务，让每一步都显得可行且易于达成。

另外，可以为自己营造一个安静、舒适的阅读环境，减少干扰，让阅读成为一种享受。这时候要尽量关闭手机通知、电视等可能分散注意力的设备，让自己完全沉浸在书本的世界中。

开始阅读后，还可以随时加入一些阅读社群，与志同道合的人一起分享阅读心得，互相激励，增加阅读的乐趣和动力。

同时也别忘了及时反馈，每当完成阅读小目标时，不妨给自己一点奖励，比如看一场电影、吃一顿美食，以此激励自己继续保持。

培养良好的阅读习惯不是一蹴而就的，它需要时间和耐心。不要因为一时的挫败而放弃，持续努力才能看到成果。

更多关于"培养阅读习惯"内容的展开，将在后面的内容中详细介绍。

**2. 整理碎片时间**

在快节奏的现代生活中，我们常常感到时间不够用，但实际上，如果能有效地整理并利用好那些看似微不足道的碎片时间，它们将汇聚成一股强大的力量，助力我们实现阅读目标乃至更多的人生愿景。这需要你从内心深处确认，是否真的渴望通过阅读来丰富自己，是否愿意为获取知识与技能而付出努力。如果答案是肯定的，那么"没有时间"就不应再成为阻碍你行动的借口。

接下来，一个实用的建议是，动手制作一张"碎片时间管理"表格。这张表格将成为你管理时间和规划生活的得力助手。

请不要急于求成，静下心来让思维自由驰骋，尽可能详尽地列出你日常生活中可能遇到的每一个碎片时间场景，包括场景、时间段、可以做到的事等都列出来，越详细越好。在表格中，还应考虑环境因素对阅读体验的影响，比如外界环境嘈杂或安静的程度。这有助于你根据不同环境选择合适的阅读方式或材料。然后，记录下每个场景对应的碎片时间段及其时长。即使是几分钟的短暂时间，积少成多也能产生惊人的效果。

当计划清晰后，我们可以得到这样一张"碎片时间管理"表格（见表1-1）（可以根据自己的情况填充，不局限于阅读）：

表1-1 碎片时间管理表

| 场景 | 环境因素 | 碎片时间段 | 时长 | 可以做的事 |
| --- | --- | --- | --- | --- |
| 地铁 | 嘈杂 | 8：30~9：10 | 40分钟 | 听有声书 |
| 卧室（睡前） | 安静 | 21：00~23：00 | 2小时 | 阅读纸质书 |
|  |  |  |  |  |
|  |  |  |  |  |

甚至还可以根据不同的日期填写表格，规划每天的碎片小计划，你也会在这个过程中感受到"布置任务"和"完成任务"的成就感。

表格完成后，你会惊讶地发现，原来一天中有如此多的碎片时间可以被有效利用起来。更重要的是，通过合理的规划与安排，你不仅能够找到充足的阅读时间，还可能发现额外的时间用于运动、学习新技能和与家人朋友交流等，从而全面提升生活质量。

记住，时间就像海绵里的水，只要愿意挤，总还是有的。

## 误区二：太累了，翻几页书就看不进去

有人说：平时的工作和生活太累了，书本翻开后，看几页就看不进去了。其实主要有以下两个原因：

**1. 你选的书可能不合适**

记得之前和一个朋友闲聊时，她问道："《百年孤独》这本书我翻开了无数次，每次看几页就犯困，完全搞不懂作者在讲什么，这本书真的值那么高的评分吗？"

我当时跟朋友说："不是这本书不好，而是它现阶段并不适合你。"

的确，如果一个读者之前很少看文学名著，突然开始看一本公认的人物名字多、格局宏伟的文学大部头，那肯定是看不下去的。实际上，工具书、社科书籍也存在同样的问题。

因此，当你根本耐不下心来看手中的这本书时，要告诉自己：不是你不会阅读，而是你选的书可能不合适！

关于"如何选对适合自己的书"，我们在本章第四节进行介绍。

**2. 思绪被打乱了**

相信你一定有这种经历：看书不久后，手机提示音响了，于是你好奇地拿起手机看起来；刚想退出，又下意识点开微信看了下朋友圈；没一会儿又突然想起要买个东西，于是又开始了网购……终于忙完这些事，想起来要看书了，却开始犯困根本看不进去。注意力再次被浪费在了其他的事上，这时候懊悔已然来不及了。

在快节奏的现代生活中，思绪随时被打乱几乎成了一种常态，尤其是在阅读这一需要高度专注的活动中，我们的注意力往往被轻易分散，导致原本计划好的阅读时间变得支离破碎，效率低下。

## 第一章 阅读没那么难

那么当阅读时你的"思绪被打乱了",应该怎么解决呢?

教育心理学研究表明:一个人的注意力持续集中时间为20~30分钟,超过这个时间后大脑就会感到疲劳,导致思考效率下降。所以我们可以采取"20分钟原则"来训练自己的专注力。

可以设定一个计时器,告诉自己接下来的20分钟将全身心地投入阅读中,不受任何杂念干扰。这20分钟不仅是阅读的时间,更是锻炼意志力和提升自我控制力的过程。完成一个周期后,可以短暂休息几分钟,再根据需要决定是否继续下一个20分钟的阅读。

当然为了避免干扰源,营造一个纯粹的阅读环境,可以把这宝贵的20分钟设定成"无干扰时段",即在这段时间内,将手机调至静音或飞行模式,关闭电脑和电视上的非必要通知,甚至可以在一个相对安静、少有人打扰的空间进行阅读。这样的环境设置有助于减少外部刺激,让思绪更容易集中在书本上。

随着你对"20分钟原则"的适应,你会发现自己的专注力在逐渐增强。此时,可以尝试逐步延长阅读时间,比如从20分钟增加到30分钟,再逐渐提升到45分钟甚至更长。这个过程中,重要的是保持耐心和自我激励,每一次成功完成阅读任务都是对自己的一次肯定,也是向深度阅读迈进的一大步。

- 20分钟时间全身心地投入到阅读中;
- 设定为"无干扰时段",无任何干扰因素;
- 每20分钟休息一下;
- 尝试逐步延长阅读时间。

## 误区三：太难了，合上书什么都不记得

董宇辉成为主播圈里的顶流的原因，一定不是他的颜值和销售技巧，而是他丰富的知识面和口才。这不禁让人感叹：读过书的人太有魅力了！

很多人也想像他一样，把读过的文字都变成自己的东西，但事实总是残酷的，书是读完了，一旦合上书本却什么也记不住。

或许有人会认为，董宇辉能读万卷书，并且都能把书中的知识记在脑海里，随时灵活运用，他是有读书的天赋。我不否认董宇辉本人或许记忆力超群，但是我也相信，他在读书时，一定下了很大的工夫。

要想大概记住一本书的精华，其实也并不难，这里给出三个小妙招：

**1. 学会摘抄**

我相信很多人在看书的时候总会细细品味一些能打动内心的句子和段落，或者为一些新颖犀利的观点忍不住点头，但很少会有人把这些文字记录下来。

我建议，准备一个漂亮的笔记本，耐心地把这些你喜欢的金句观点，甚至是一些对人和事的有趣描写摘抄下来。抄写的过程就是强化记忆的过程。或许当下不能即时体会到摘抄的妙用，但很可能在将来的某一天，比如演讲和写作，或是某个交流场景，就有机会活学活用到这些收集到的金句。

**2. 写读书笔记**

实际上，能把一本书深度记忆在脑海里最好的方式，就是学会写

读书笔记，我将在第五章分享关于写读书笔记的方法。

**3. 积极分享**

有没有感觉当你跟别人说自己的某些经历或者是聊明星八卦时，总能侃侃而谈？实际上这都是因为你在做"分享"。把你熟悉又感兴趣的事情一遍遍说给别人听，对这件事本身的记忆就会越来越深刻。

<u>分享是吸收知识和强化记忆的过程！</u>你一样可以采取这个方法，把记录下来的文字和观点分享给身边的人。

当你走出了这三个误区，就会发现阅读其实并没有那么难。

余秋雨先生曾经说过："阅读的最大理由是想摆脱平庸，早一天就多一份人生的精彩；迟一天就多一天平庸的困扰。"

所以现在就开始行动，选一本书看起来吧！

## 第四节 选书也有诀窍，选对书，本本都爱读

我认识的很多读者都有这样的经历，心血来潮想买本书阅读，要么去书店随机买了本畅销书、要么去购物平台搜索各类榜单，甚至为了满减活动凑单买了一堆书。买书时快乐又潇洒，但大部分书可能根本读不进去，甚至很多书买回家后都摆脱不了在角落吃灰的命运。

在前面，我提到，遇到这样的问题，先别自责，而是告诉自己：不是不会阅读，而是选的书在当下可能不合适！

选书实际上也是有诀窍的，选对书，本本都爱读！

接下来，我们来一起探讨选书的三个阶段。

## 阶段一：明确阅读的目的

我书架上的书全都是自己喜欢并且阅读过的，有些书我甚至会读好几遍。实际上读书是一件私人的事，应该遵从内心。如果你也希望买书不再花冤枉钱，并且能真正从书本中有所收获，那我建议你先明确阅读目的。

**实际上读书就是两个目的：丰富生活和提升技能！**

如果你想通过阅读来丰富生活，那你应该先仔细思考下自己的兴趣点。很多名人也是从自己感兴趣的领域开始爱上阅读的。比如特斯拉创始人埃隆·马斯克就对科幻情有独钟，他阅读了大量的科幻小说，从此读书就成了他的一种生活方式。

当然每个人的兴趣点是不一样的，有些人喜欢历史，有些人喜欢心理，有些人喜欢文学……一开始就盲目去阅读别人感兴趣而不是自己感兴趣的内容，那必然是盲目的。

英国作家毛姆说："读书应该是一种享受，我们必须带着愉悦去读书才行。"

只有从兴趣爱好出发，才能从阅读中感受到乐趣和充实。

如果阅读的目的是提升技能，那就需要严肃对待！关于这部分的内容，可以参考第四章"书单阅读法"的内容。

## 阶段二：学会选书的技巧

当你明确了适合自己的阅读方向后，就进入选书环节了。市面上每个领域的书都很多，有些书的标题一样内容却不同，同一个作者的书还有不同的版本，真的是挑花了眼。

作为一名读书博主，这里我给大家总结了五种选书的技巧。

## 1. 浏览目录结构

很多人都只关注书的封面，而忽略目录的重要性。目录是书的详细框架，一本好书的目录信息量会很大，特别是实用型或工具类的书籍。读者通过目录就能了解到全书的结构和内容方向。

所以在购买一本书前，除了关注封面的介绍外，还要浏览目录，快速查找一下书里面是否有自己感兴趣的内容和想学习到的知识。确认好了再买也不迟。

## 2. 查阅书籍评分或书评

想买一本书前可以先了解一下豆瓣评分或相应的书评，避免"踩坑"。也可以借助评分选出合适又心仪的书。比如你喜欢历史，就可以搜索"高分历史小说"（见图1-2），从中选出想阅读的书。

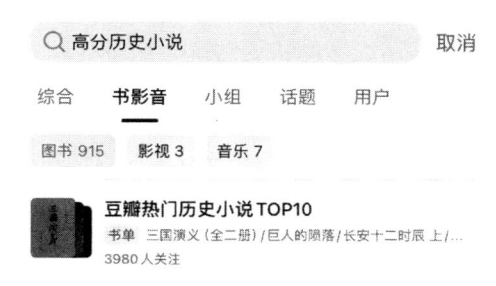

图 1-2　搜索"高分历史小说"

当然评分也有主观性，并且每个平台的评分也会有区别，所以也要学会建立自己的"评分阅读底线"。

## 3. 了解作者背景

买一本书前了解作者的背景是有必要的，尤其是一些大众并不熟知的作者。通常情况下，书封内页都会有作者的简介，包括国籍、背景、获奖情况等。如果想挑选一本有知识增量的书，可以了解作者是否有该领域的专业背景和相关的经历；如果想看一本文学小说，可以了解作者是否获得过文学界的奖项，同时了解一下作者的其他作品情况。

当你认可了某一位作者后，还可以去阅读该作者的其他书籍。

**4. 出版社和图书品牌**

很多人买书的时候不关注出版社和图书品牌，实际上这一点也非常重要。你可能会发现，很多名人的作品，尤其是一些外文翻译作品，不同的出版社可能都会出版，但是从纸张到内容却五花八门，有一些版本能成为经典，而有一些版本却粗制滥造。这一点说明，选对出版社也很重要！

每家出版社都会有自己擅长的领域。这些特定领域里的出版社，会比其他出版社选的书信息更全、内容更丰富，质量方面也会更优质。比如工具性、实用性或铁路专业类书籍可以关注中国铁道出版社；外国文学译本可以关注人民文学出版社、上海译文出版社或译林出版社；传记类的书可以关注中信出版社……当然现在也有一些专注某个领域的图书品牌，感兴趣的读者不妨尝试去查询一下。

所以当心里已经有想阅读的书目，不妨先参考下出版社和图书品牌，挑选出最适合自己的那个版本。

**5. 寻找"平替"书**

上一节我们提到，当你读一本经典名著却感觉晦涩难懂时，千万不要气馁，毕竟在当下，每个人的认知水平和知识储备都是不同的。你只是恰好不适合阅读这本书而已。

这个时候我建议你学会找一些"平替"的书，也就是同一个作者的初级作品、同一个领域的入门读物，或者是主题接近但是更简单有趣的书。

举个例子，如果你缺乏一定的背景知识是很难阅读加西亚·马尔克斯的文学大部头《百年孤独》的，这时候就可以选择看马尔克斯的另一部作品《一桩事先张扬的谋杀案》，简短生动，同样深刻。当了解了作者风格并补充了相应背景知识后，再慢慢阅读他的其他作品就没么难了。

再比如，当你想尝试阅读心理学类的书籍，刚开始时别直接就去读《梦的解析》，可以挑选入门级并且评分还不错的书先看起来，比如《蛤蟆先生去看心理医生》。

千万别小瞧"平替"书，这些书可是帮你进入专业和经典名著世界的"敲门砖"。

总的来说，当你学会了这五个选书技巧，在"选书"上一定能少走很多弯路。

### 阶段三：发现好书的途径

对选书有了自己的独特见解后，就可以开始尝试探索更多的好书了。很多途径都可以扩充自己的书单。

#### ● 逛书店

通常情况下，书店会在最显眼的区域按照不同的类别，摆放最新出版或是书店最畅销的书。我每隔一段时间都会去逛逛，大部分时候都能发现一些或许很小众，但是又很有意思的书，无形中又扩充了自己的书单。逛书店确实帮我淘到了不少好书。

● **聚会工作**

聚会工作的时候，可能总会有人显得博学，言语中会透露出一些书本或作者的信息。以前可能你不会在意，但如果你想把读书认真当一回事的话，就可以留意起来，尤其是听到一些打动你的金句或是观点，先大致记下来，或许这些内容能让你邂逅一本好书。

● **观看读书类节目**

有很多关于读书类的综艺节目很值得观看，我曾经特别喜欢一档读书综艺叫《一本好书》，每一集都会由专业演员演绎一本书的内容。很多书我都是看了节目之后深受触动才开始阅读的，比如《月亮与六便士》，我喜欢这本以高更原型为背景改编的小说，由此我也喜欢上了作家毛姆，那之后，我陆续把毛姆的作品都看了一遍，享受了难忘的阅读时光。

类似的节目很多，涉及的图书类型也比较全面。想拓展自己的书单，不妨试着看一些读书类的节目吧。

有这么一句话：选择一本好书，就选择了一位挚友；书虽有价，获益无价。

所以，选书的过程其实就是和书建立情感连接的过程。选书也是一门艺术，会选书才能更好地读书。

## 第二章
# 三个小妙招，让你爱上阅读

爱上阅读，并非遥不可及。本章将为你揭秘三个轻松上手的小妙招，助你一步步靠近阅读的怀抱。从营造阅读的仪式感，让每一次翻开书页都充满期待；到培养自律，用微习惯的力量让阅读成为日常；再到变换阅读场景，让每一次阅读都成为一次新鲜的探索。这些简单又实用的方法，将帮助你克服拖延，提升兴趣，最终让阅读成为你生活中不可或缺的一部分。

喜欢书的人，他们的心灵仿佛拥有一片无尽的沃土，而阅读则是滋养这片土地、让思想之花绚烂绽放的阳光雨露。他们不仅将阅读视为获取知识和拓宽视野的工具，更将其升华为一种生活的艺术、一种灵魂的慰藉，深深沉浸其中，享受那份静谧与充实所带来的独特乐趣。

社会上广泛流传着"书中自有黄金屋，书中自有颜如玉"的古话，许多人内心深处也认同读书能够陶冶情操、增长智慧和丰富人生体验，但遗憾的是，不少人却长期受困于"拖延症"的魔咒，致使书籍静静地躺在书架上，始终未能被真正翻开，阅读的乐趣也就此被无限期地搁置。

阅读其实是一件既简单又愉悦的事情，并不需要复杂的准备或严苛的条件，关键在于找到适合自己的方式去开启这扇通往知识殿堂的大门。

## 第一节 培养兴趣：营造仪式感

很多人对某一件事能产生浓厚的兴趣，有一部分原因可能是做这件事有独特的仪式感。从心理学的角度来看，仪式感能够触发我们的"心流"体验，即完全沉浸在某种活动中，无视其他事物存在的状态。达到这种状态后，做这件事就会产生无穷的乐趣和动力，比如有人会在特定的时间地点写日记；有人会在吃早餐前先练一次瑜伽。而阅读这件事，同样可以被注入仪式感。

实际上不少名人也有阅读仪式感。美国前总统奥巴马曾在采访中透露，无论多忙，他都会抽出时间进行阅读，而且阅读前会做一些准备工作，比如调整灯光、音乐等，以营造一个最佳的阅读环境。

当你想阅读一本书时，不妨也尝试引入一些仪式感，让每一次阅读都成为一次心灵的盛宴。

## 一、拥有"一间自己的房间"

英国女作家弗吉尼亚·伍尔夫在其著作《一间自己的房间》中谈到，一个女性想要成为作家，必须拥有两样东西：一样是金钱，另一样是一间自己的房间。金钱代表着物质经济，女性可以不依赖他人生存；而房间则代表着独处的空间，女性可以在这里独立思考，不受他人干扰。这里，我们不讨论这本书的核心思想，只是"一间自己的房间"这个观点适用于阅读。

拥有一个专属于自己的阅读空间，也是营造阅读仪式感的基础。你可以大声朗读，随音乐而读，可以变换着各种自由的方式来阅读。这个空间可以是家中的书房，也可以是阳台上的一角，或者是卧室里的书桌旁。关键在于，这个空间是专属于阅读的，是我们在忙碌的生活中可以暂时隔绝外界纷扰的避风港。下面这张图是我用 AI 生成的

图（见图 2-1），跟你家里的阅读空间一样吗？

图 2-1　AI 作图

大多数文人都拥有自己的书房，余秋雨就曾说过："走进书房，就像走进了漫长的历史，鸟瞰着辽阔的世界，游弋于无数闪闪烁烁的智能星座之间。"钱锺书和杨绛夫妇，也在家中设有一间书房，墙上挂满了各种书籍和字画，营造出浓厚的文化氛围。两人常常在这间书房中并肩阅读、写作，相互讨论，这种专属的阅读空间不仅为他们提供了良好的阅读环境，也促进了他们的学术成就。

阅读，是灵魂的滋养。而打造一个专属的阅读空间，我们就可以尽情沉浸于知识的海洋，让阅读成为生活的仪式，让灵魂在书海中自由翱翔，享受那份独有的宁静与满足。

## 二、精心布置自己的书桌

书桌，作为阅读的主要阵地，布置非常重要。一个整洁、有序的书桌，不仅能够提高我们的阅读效率，让我们在阅读时保持愉悦的心情，还能让我们保持对阅读的兴趣。正如打造舒适的阅读空间一般，书桌的布置也需要根据个人的喜好和阅读需求来进行。

其实文人们也会很注重书桌的布置。小说家斯蒂芬·金在他的作品《写作这回事》里提到，他有一张大书桌，摆满了书籍和参考资料。除此之外还有一台老式打字机，这是他早期写作时所使用的工具，也是他创作灵感的来源之一。著名作家茅盾的书桌也是宽敞而实用，上面摆放着各种书籍、资料和文具。他喜欢在书桌上摆放一些绿色植物，以增添生气和舒适感。此外，他的书桌上还常常放有一杯茶，以便在写作之余品尝，放松心情。

我很喜欢让自己处在一个堆满书的环境里。我的书房里有一个巨大的书架，书架下面连着一张大书桌。除了笔记本电脑外，我会在书桌上整齐摆放三摞书，新书、正在看的书，还有准备写读书笔记的书。我会打印一些喜欢的金句贴在书桌旁边的墙上，激励自己不断进步。我很享受精心布置书桌的过程，这些小小的细节都能够让阅读的空间更加温馨、有规划和充满活力。

## 三、灵活玩"文具"，差生秒变学霸

很多读者不太会用"文具"，实际上这些阅读的辅助工具，同样可以增添阅读的仪式感，让我们的阅读过程变得更加有趣。作为阅读小白，如果能灵活使用各种阅读小工具，也会加深对知识的理解和记忆。

作为一名读书博主，我读过的很多书里面都有使用"文具"的痕迹。这里给大家分享一些我常使用的阅读工具：

### ➢ 时间管理工具

大部分手机都自带了时间管理工具 App，我会在使用这些工具时，设定每次阅读的目标和时间，让我保持阅读的连续性和专注性。比如，我每次阅读都会给自己定 1 小时的闹钟，然后就休息一会儿，提醒自己闭目养神或者活动一下，避免过度疲劳。

### ➢ 阅读支架

我喜欢把书固定在阅读支架上，这样我能保持一个舒适的姿势阅读和记录，也能减轻颈部和肩部的压力。

### ➢ 笔记本

我会去文具店挑选笔记本，将金句摘抄、观点积累、读书笔记等不同的内容记录在不同的笔记本里。

### ➢ 荧光笔或标记笔

日本作家村上春树在阅读时常常使用不同颜色的笔进行标注和记录。他认为，通过不同颜色的笔，可以更好地区分不同的观点和想法，有助于他在阅读后进行总结和反思。

### ➢ 便利贴

这是我最常用的一个阅读工具，下页图里展示的是我用便利贴"完成"的书籍。看着它们我不仅有一种成就感，同时还能重温阅读过程中感受到的愉悦。

这里给大家总结了便利贴的四种用途：

①标记金句。我通常会把细长条的便利贴贴在喜欢的金句上，这样回头查阅或摘抄时会很方便。

②分类整理笔记。在阅读一本内容较为复杂的书籍时，使用便利贴将不同章节或不同主题的内容进行分类整理（见图2-2）。例如，可以在每个章节的开头粘贴一张便利贴，标明该章节的主题和要点；或者在遇到重要的观点或定义时，使用便利贴进行摘录和归类。这样，当需要复习或查找某个特定主题时，我们就能够快速找到相关的笔记。

图 2-2　用便利贴进行分类整理

③记录阅读感悟和心得。在阅读过程中，我们可能会产生一些即时的感悟或想法。此时，可以使用便利贴将这些感悟记录下来，并粘贴在书页上。这样，不仅能够加深我们对阅读内容的理解，还能够方便我们在日后回顾和分享。

④梳理故事线。当文学作品中涉及的人物较多、故事线很复杂时，可以借助便利贴来梳理故事线。比如我在阅读《百年孤独》时，每一个人物使用一种颜色的便利贴，当阅读到相应的人物故事时，我会用对应的便利贴记录下感受和观点，这样能帮助我更清晰地理解故事背景，也能加深记忆。通过这样的方式，一本难啃的大部头作品也能变得相对容易。

当然，如果你有更好更新颖的阅读工具，也欢迎和我分享。

总结一下，想要营造阅读的仪式感，可以从拥有专属的阅读空间、精心布置书桌、灵活使用"文具"等方面入手。通过这些方法，我们可以让阅读变得更加有动力、更加高效，让知识在潜移默化中渗入我们的内心。在这个信息爆炸的时代，让我们通过营造仪式感，重新找回阅读的乐趣和价值吧！

## 第二节　养成自律：阅读微习惯

在追求个人成长的过程中，许多人都曾满怀激情地立下过种种宏伟的目标：

要减肥20斤；

一个月背完2 000个单词；

每天跑5千米；

一年读完100本书；

…………

大家一开始都信念感十足，认为自己一定能完成目标，毕竟有一种说法是"养成一个习惯只需要 21 天",但真相是这些目标往往如同夜空中璀璨的流星,虽然耀眼一时,却难以持久。究其原因,大多在于我们高估了自己的意志力,低估了习惯养成的难度。

事实上,不管是何种习惯,要持续不断地执行下去,其背后的核心驱动力都是自律——一种在主观上乐于接受,并在行动上持续坚持的力量。

我曾看过一本叫《微习惯》的书,很受启发。这本书的作者斯蒂芬·盖斯从不能坚持做任何事到慢慢变得自律,最终拥有想要的生活。而让他成功逆袭的秘诀就是微习惯。微习惯,顾名思义,就是那些微小到几乎不可能失败的习惯。它们之所以有效,是因为它们足够简单,足够轻松,几乎不需要任何意志力就能完成。正是这种"小得不可思议"的特性,让微习惯成为我们日常生活中最容易被接纳并持续执行的行为模式。

所以想要达到阅读自律,我们可以先从培养阅读微习惯开始!我结合书中的精华和个人的经历,总结了培养阅读微习惯的三个步骤。

## 第一步:目标要定小,把一本书拆开读

当我们决定要培养阅读习惯时,最容易犯的错误就是设定过于宏大的目标。如果你一开始读书,就给自己定下了"今天要看两小时书"或者是"今天要读 100 页"的目标,你有信心完成吗?这样的目标虽然听起来很振奋人心,但实际上却很难持续。因为一旦遇到任何小小的阻碍,我们的意志力就会迅速崩溃,导致计划流产,甚至还会产生挫败感,陷入自我怀疑的焦虑中。一遍遍尝试,一次次失败,这样的行为是不可能成为习惯的。

我们可以先想一下，怎样才能算是养成一个习惯？那就是当你做一件事时，不需要强大的意志力，也不出现抵触心理，自然而然就去做并且愿意持续去做。

而养成阅读微习惯的核心，正是让你无论什么情况下每天都能完成这件事，并且感到毫无负担和压力，那前提就是要把预期的目标设定得足够低。

当把阅读大目标换成"今天只看 5 分钟"这样一个简单轻松的小目标时，你还会认为有难度吗？试想一下：假如每天只读 3 页书，一本书平均 300 页，完整读完一本书大概需要 100 天，那每年至少也能读 3 本书，效果会比你想象得惊人。这不是比心血来潮设定一个宏大的目标却完不成还有效吗？

这样的目标看似微不足道，但正是这种"小步快跑"的策略，让我们能够轻松跨越起点的障碍，逐渐建立起对阅读的信心和兴趣。

设定微小目标的好处在于，它降低了心理门槛，减少了我们对任务的抵触情绪。同时，由于目标容易达成，我们还会在完成后获得一种成就感和满足感，这种积极的反馈会进一步激励我们继续前行。

不积跬步，无以至千里；不积小流，无以成江海。所以说，要想培养真正的阅读习惯，不妨学会改变思路！

## 第二步：学会列计划，创造自己的阅读小方案

在确立了个人化的阅读微目标之后，构建一个周密而灵活的阅读小方案，无疑是通往持续阅读之路上的一块重要基石，这是为了帮我们更好地规划和达成一个个的小目标。

我根据阅读经验和书友们的反馈，总结了创造阅读小方案需要包括的五个关键方面。

**1. 写下想阅读这本书的核心原因**

在开始阅读前，先思考一下选择这本书的核心动机，比如"为了学会控制情绪""想学会一个新技能""想重温这段历史"等，无论是为了自我提升、技能学习，还是纯粹的情感共鸣，这些真实的阅读理由将成为你坚持下去的强大动力源。

比如我想读《小狗钱钱》这本书，我会先写下想读这本书的理由：学会基本的理财技巧，并且我还会定下阅读小目标：每天阅读 10 分钟。不止于思考，我会在一本好看的笔记本上写上这些信息（见表 2-1）：

表 2-1　记录笔记

| 阅读书目 | 阅读理由 | 阅读方式 |
| --- | --- | --- |
| 《小狗钱钱》 | 学会基本的理财技巧 | 每天阅读 10 分钟 |

这一举动不仅强化了阅读的目的性，还无形中为后续的每一步行动铺设了心理基石。

明确阅读初衷有助于我们在面临阅读瓶颈或外界干扰时，迅速找回初心，确保每一步都朝着既定的方向迈进。

**2. 规划每本书的阅读计划**

将阅读小目标量化并融入日常生活，是确保习惯得以保持的关键。所以当定下了"每天阅读 10 分钟"的小目标后，需要把这个微习惯的行为和时间区间固定下来，这个时间不一定具体到几点几分，但最好可以选择一个固定且相对轻松的时间段进行阅读，如晚饭后、睡前或清晨的宁静时光。

有规律的时间安排，慢慢地就会形成自发行为，这有助于大脑形成条件反射，让阅读成为一种自然而然的习惯。

还是继续上面的例子，我准备在每天晚上洗漱完后花 10 分钟去看这本书，我会在笔记上（见表 2-2）新增内容：

表 2-2 笔记新增内容

| 阅读书目 | 阅读理由 | 阅读方式 | 阅读时间段 |
| --- | --- | --- | --- |
| 《小狗钱钱》 | 学会基本的理财技巧 | 每天阅读 10 分钟 | 晚上洗漱后 |

当然，合理规划还意味着要考虑到生活的多变性和不可预测性。因此，在制订阅读计划时，应保留一定的灵活性，以便在特殊情况下能够轻松调整而不至于打乱整体节奏。

### 3. 记录完成情况

当正式执行一个阅读微习惯时，我建议可以设置一个闹钟，避免遗忘。当完成当天小目标后，也需要在笔记本或者手机备忘录上打个钩标记一下。

在记录完成情况的时候，不仅要简单地标记是否完成该任务，还可以进一步细化记录的内容。比如可以记录下每天阅读的页数或章节，这样不仅能直观看到进度，也能感受到每天都在向目标靠近的踏实感。我们还可以简短地写下当天的阅读感悟或学到的新知识点，这有助于巩固记忆，并为日后回顾时提供宝贵的资料。

另外，在记录后也需要复盘一下完成这个小目标是否困难，复盘时要保持开放的心态。分析哪天完成得较为轻松，哪天则感到有些吃力，并思考背后的原因。是当天的心情影响了阅读状态，还是阅读内容本身难度较大？如果感到有压力，那一定要继续降低小目标，直到进入自己的阅读舒适区。通过这样的反思，我们可以更准确地调整自己的阅读策略和时间安排，确保阅读计划的实施始终保持在舒适而高效的状态。

完成情况可以写在笔记本的另一页（见表2-3）：

表2-3　记录完成情况

| 日期 | 阅读小目标 | 完成情况 | 学到知识 | 是否有难度 |
|---|---|---|---|---|
| ×月×日 | 阅读10分钟（4页） | 完成 | 学会列梦想清单 | 否 |
| ×月×日 | 阅读10分钟（5页） | 完成 | 开始做梦想存钱罐 | 否 |
| …… | …… | …… | | |

**4. 调整目标**

在适时调整阅读目标时，智慧与平衡是关键。一方面，我们要勇于挑战自我，不断提升阅读难度和广度；另一方面，也要确保这些挑战不会超出我们的承受范围，以免产生挫败感或失去兴趣。

具体来说，我们可以<u>根据自己的阅读进度和感受来逐步调整目标</u>。如果连续几天都能轻松完成当前的阅读任务，那么就可以考虑适当增加阅读时间或选择更有挑战性的书籍，比如从之前的"阅读10分钟"提升到"阅读20分钟"。相反，如果感到有些吃力或兴趣减退，那么就应该适当降低目标难度，直到能完全适应挑战，再重新提升目标。

此外，我们还可以尝试将不同类型的书籍穿插阅读。这样既能保持阅读的新鲜感，又能让大脑得到不同领域的滋养和锻炼。例如，在阅读一本专业书籍感到疲惫时，可以转而阅读一本轻松有趣的文学作品来放松身心。不过无论是阅读几本书，都要按照以上的步骤做好阅读规划。

只有当每一步都踏在坚实的基石上，才能最终抵达梦想的巅峰。

**5. 保持微习惯**

无论之后你的目标到达了哪个阶段，都不要轻易停下脚步。继续保持现有的微习惯，让阅读成为一种自然而然的生活方式。这种持续不断的阅读习惯，将逐渐渗透到你的日常生活中，成为你生命中不可或缺的一部分。

养成习惯不是一件容易的事，需要付出大量的时间和实践。而通过精心策划并坚持执行阅读小方案，我们将逐渐培养出一种终身受益的阅读习惯。这种习惯将帮助我们循序渐进达成自律，引领我们走向更加广阔的知识海洋和人生舞台，让我们在成长的道路上不断前行、永不止步。

所以，想读一本书，不妨现在就开始制定自己的阅读小方案吧。

请记住这句话：我们的一生，不过是无数习惯的总和。（威廉·詹姆斯）

## 第三步：给自己设置奖励，让阅读更持续

如果阅读不仅仅是一项任务，而是一种充满乐趣和期待的享受，那阅读本身也会创造出一种强大的内在动力。所以养成阅读微习惯，不可忽视的一个策略便是设立并精心执行奖励机制。正如我们之前讨论的，人类行为的进步在很大程度上受到即时奖励和期待的驱动。

管理学中有一个有趣的理论叫"瓜子理论"，就是当你看到一盘瓜子时，会不自觉地吃起来，当吃完第一颗后会紧接着吃第二颗，直

轻松阅读：如何高效阅读一本书

到盘中的瓜子变成一堆瓜子壳。每吃完一颗美味的瓜子，磕一下就能立刻享受下一颗，这种快速能得到奖励的行为怎能不让人上瘾？

在阅读中，我们同样可以借鉴这一理论，通过设定一系列的奖励，让每一次阅读的成就都能迅速得到正反馈。想象一下，每当完成一个小目标（如阅读 10 分钟或一页书）就有所得，如吃掉瓜子仁般轻松愉悦，而这份愉悦感又会驱使你迫不及待地开始下一个目标，如此循环往复，阅读便成了一种难以抗拒的"上瘾"行为。

所以，及时地奖励反馈，有助于某个行为的延续。当做好了自己的阅读小方案后，就可以给自己设置一个奖励方案。具体可以参考下面两条建议：

建议一：把奖励细化

为了最大化奖励机制的效果，我们需要将奖励细化到每一个可达成的小目标上。这不仅仅意味着完成阅读任务后的简单奖励，更是要根据自己的喜好和需求，量身定制个性化的奖励清单。

从一杯香浓的咖啡到一集心仪的电视剧，从一次短途散步到一本期待已久的书籍，这些看似微不足道的奖励，都能成为推动你持续阅读的强大动力。同时，也要注意奖励的适度性，避免过度依赖物质奖励而忽视了阅读本身的乐趣。

建议二：让奖励可视化

除了细化奖励方案外，让奖励可视化也是提升阅读动力的重要手段。通过在你的阅读计划表中明确标注每日的阅读小奖励和阶段性总结奖励，你可以清晰地看到自己的努力和收获。每当完成一个目标并勾选对应的奖励时，那份成就感和满足感会油然而生。同时，这些记录也将成为你阅读旅程中的宝贵回忆和见证，时刻提醒着你自己所付出的努力和取得的进步。

于是，可以在完成计划后写上当日的阅读小奖励，每隔一个阶段，还可以写一次周期总结（见表2-4）：

表2-4 周期总结

| 日期 | 阅读小目标 | 完成情况 | 学到知识 | 是否有难度 | 阅读小奖励 |
|---|---|---|---|---|---|
| ×月×日 | 阅读10分钟（4页） | 完成 | 学会列梦想清单 | 否 | 看一集《老友记》 |
| ×月×日 | 阅读10分钟（5页） | 完成 | 开始做梦想存钱罐 | 否 | 看一集《老友记》 |
| …… | …… | …… | …… | | |

第一周总结：一共阅读70分钟，读完30页，奖励一顿××餐厅的brunch

随着时间的推移，你的阅读小本子上将积累起越来越多的目标和奖励记录。这些记录不仅见证了你的阅读历程和成长轨迹，更在无形中塑造了你的阅读习惯和自律精神。当你翻开这本充满回忆的小本子时，你会惊讶于自己竟然已经完成了如此多的阅读任务并获得了如此多的奖励。这份成就感将成为你继续阅读、不断挑战自我的强大动力源泉。

总之，通过精心策划奖励机制并严格执行，可以让我们的阅读之旅变得更加持久而愉悦。在这个过程中，我们不仅能够收获知识和增长智慧，更能够享受到一种由内而外的自豪感和成就感。

相信我，一天天地重复做这些小事，量变一定会产生质变，你终究会养成真正的阅读习惯。

## 第三节　增强体验：变换阅读场景

在日复一日的生活中，我们往往习惯了在固定的角落翻开书页，比如书房或办公室，却未曾意识到，更换不同的阅读场景，就如同为心灵开启了一扇扇通往不同世界的窗。

每一种阅读环境都以其独特的氛围和情感色彩，为阅读体验增添了不可复制的韵味。接下来，让我们一同深入探索五种迥异的阅读场景，感受它们如何悄然影响着我们的阅读之旅。

### ● 去图书馆当回学霸

图书馆，就是知识的殿堂。它仿佛有一种魔力，让人一踏入其中，便能立刻沉浸于书海之中。所以，图书馆绝对是一个适合深度阅读的地方，在这里你可以静下心来，远离外界的喧嚣，专注于书中的内容。

我每周都会挑一天去上海图书馆东馆阅读。图书馆里虽然很多人，但是非常安静，大家连走路都很小心，人人都沉浸在自己的学习世界里。尤其是看着周围的人都在看书，就会产生一种无形的动力，让自己不由自主地在这种氛围里去认真阅读。效率很高，还能获得一种满足感。

### ● 去书店享受休闲时光

书店，城市的文化客厅，是休闲时光的理想去处。与图书馆相比，书店不仅是一个购书的地方，更是一个让人放松心情、享受阅读乐趣的场所。可能很多人已经不再光顾书店，但我依然建议你可以时常去逛逛。书店里的油墨芬芳和琳琅满目的新书，总会给你一些新的阅读灵感。

书店里通常还会有咖啡区或茶座，你可以点一杯饮品，一边品味书香，一边享受饮品的滋味。我尤其喜欢书店里举办的各种文化活动，如作家签售会、读书分享会等。我曾经在一家知名书店参加过李银河老师的新书签售会，那不仅是一次难忘的读书体验，同时还结识了志同道合的书友。

- **去咖啡馆体验不一样的情调**

咖啡馆的氛围通常温馨而浪漫，轻柔的音乐在耳边响起，为阅读增添了一份情调。选择一个舒适的位置坐下来，让阳光洒在身上，喝一杯香浓的咖啡，真的可以暂时忘记生活的烦恼和压力，沉浸在书的世界里，享受一段宁静而美好的时光。

此外，咖啡馆还是一个适合社交的场所。你可以邀请朋友一起来咖啡馆阅读，分享彼此的阅读心得和感受。我曾在咖啡馆里举办过数次读书活动，大家一起共同深度讨论一本书，感受到了头脑风暴的力量。

- **把握通勤路上的碎片时间**

通勤路上的时间虽然短暂，但积少成多，长期坚持下来，也能够积累大量的阅读时间。我有位书友就很喜欢享受通勤路上的阅读时光。每天她要乘坐40分钟地铁才能到公司，她会选择一些轻薄易于携带的书翻阅，特别是一些短篇小说或散文。如果人很拥挤的情况下，她也会听一些有声书，缓解疲劳感和无聊感。

把握住通勤路上的碎片时间，或许会有意想不到的收获。

## 轻松阅读：如何高效阅读一本书

● **户外阅读，拥抱大自然**

无论是在街心花园散步、公园搭帐篷野餐，还是在海边度假旅游，都可以尝试摊开一本好书，让文字与大自然的美景交织在一起。

在户外，我们可以呼吸新鲜的空气，感受大自然的宁静与和谐。这种与大自然的亲密接触，能够让我们放松心情、舒缓压力，提升阅读的体验。而那些风声、虫鸣、海浪的声音也会让我们更加专注于书中的内容，提升我们的阅读效率和质量。

其实阅读并不仅仅是一种获取知识的途径，更是一种丰富生活、提升自我的方式。庄重的图书馆、休闲的书店，充满小资情调的咖啡馆、忙碌的通勤路上，以及放松的户外，每一个场景都有它独特的阅读故事和体验。无论身处何地，只要有一颗热爱阅读的心，我们都能找到属于自己的阅读天地，让阅读成为我们生活中不可或缺的一部分。

# 第三章

## 三种花式阅读方法，轻松提升阅读力

阅读，不仅仅是文字的堆砌，更是一场知识与智慧的盛宴。本章将带你解锁三种花式阅读方法，让阅读变得轻松有趣。无论是通过搜集整理，让知识如涓涓细流汇聚成海；还是通过游戏化的方式，让阅读过程充满乐趣与挑战；抑或掌握列大纲的技巧，再复杂的书籍也能变得条理清晰。这些方法，将让你的阅读之旅更加丰富多彩，收获满满。

第三章　三种花式阅读方法，轻松提升阅读力

你是否曾经有过这样的体验：满怀期待地翻开一本新书，封面设计引人入胜，简介让人心生向往，然而，在经历了一段时间的埋头苦读后，合上书本的那一刻，心中却不禁泛起一丝疑惑与失落——我究竟从这本书中得到了什么？那些曾经让人眼前一亮的观点、引人入胜的故事情节，似乎在合上书页的瞬间变得模糊，留下的收获感微乎其微。又或是，面对那些装帧精美却页数众多的书籍，光是翻看那沉甸甸的书页，就足以让人心生怯意，担心自己无法坚持读完，更别提深入理解和享受其中的内容了。

别担心，这正是许多读者在阅读过程中常遇到的困境。但幸运的是，阅读并非一成不变的枯燥流程，而是可以通过巧妙的方法转变为一场充满乐趣与收获的探险。下面，我将给大家揭开三种精心设计的花式阅读方法的神秘面纱，让你在每一次翻开书页时都能满怀期待，合上书本时能收获满满。

## 第一节　学会"搜集"，有效增长知识

对于许多阅读新手来说，如何有效地从书中获取知识是一个不小

的挑战。而学会搜集关键信息，不仅能更深入地理解书籍内容，还能在积累中不断成长，让阅读成为我们通往知识彼岸的坚实桥梁。下面将为大家提供三个关于"搜集"的实用方法，帮助大家轻松提升阅读力。

## 一、学会摘录，积累金句

还记得曾经火出圈的"足球诗人"贺炜吗？他在世界杯上的激情解说让球迷们热血沸腾。我对球赛本身无感，但当听到贺炜在决赛最后阶段用激昂的语言复述罗曼·罗兰的话："这世界上只有一种真正的英雄主义，那就是认清生活的真相后，仍然热爱它！难道攀爬的那条路不是比站在顶峰更让人热血澎湃吗！"那一刻我竟然热泪盈眶，瞬间体会到了足球精神。这就是语言的魅力，在恰到好处的时刻说出最打动人心的话语。

很多人都渴望像贺炜那样能出口成章，但总是无从下手。毕竟人的记忆是有限的，即便是阅读过的、印象再深刻的句子或段落也总会有遗忘的一天，很难做到随时随地引用。这时候"摘录"就体现出了它的魅力。通过摘录，我们可以及时将书中的核心观点、精彩段落或引人深思的语句记录下来，方便日后回顾和引用。以下是适合阅读新手"摘录"的五个小步骤：

①准备摘录工具：可以是一本专门的摘录笔记本，或者是电子文档。确保工具有足够的空间来记录你的摘录内容。

②阅读并筛选：在阅读过程中，注意筛选那些你觉得重要、有启发性或者令人印象深刻的语句或段落。可以用标记笔或便利贴先标记

出来，方便后续摘录。

比如我在阅读《活着》这本书时，就把打动我的句子全部用彩色的长条便利贴标记了出来。（我没有一边阅读一边摘录，因为不想打断阅读的连贯性。）

③进行摘录：将筛选出来的内容逐条摘录到摘录工具中。注意保持摘录的准确性和完整性，可以适当添加自己的理解和感悟。

当阅读完《活着》这本书后，我摘录了近30条句子，比如：

√人是为活着本身而活着的，而不是为活着之外的任何事物所活着。

√以笑的方式哭，在死亡的伴随下活着。

√只要一家人天天在一起，也就不在乎什么福分了。

√活着是自己去感受活着的幸福和辛苦，无聊和平庸；幸存，不过是旁人的评价罢了。

√世界上没有一条道路是重复的，也没有一个人生是能够替代的。

对于感触特别深的句子，我写下了自己的理解和感悟。比如对于"活着是自己去感受活着的幸福和辛苦，无聊和平庸；幸存，不过是旁人的评价罢了"这句话，我写道：

生活，就像一场没有剧本的演出，我们每个人都是自己的主角。所以我不必在意旁人的眼光与评价，因为真正的幸福与辛苦、无聊与平庸，只有自己能够深刻体会。我要活得勇敢一些，去感受生命的每一个瞬间，无论是欢笑还是泪水，都是生命赋予我们的宝贵财富。

④分类整理：根据书籍的主题或内容，对摘录进行分类整理。这有助于你在日后回顾时能够快速找到需要的内容。

我会对不同的书籍进行分类，比如文学书金句会单独准备一个笔记本摘录，心理学书中的一些有趣观点会换一个本子摘录等，无论是用笔记录还是在电脑中输入，用自己喜欢的方式就好（见图 3-1）。

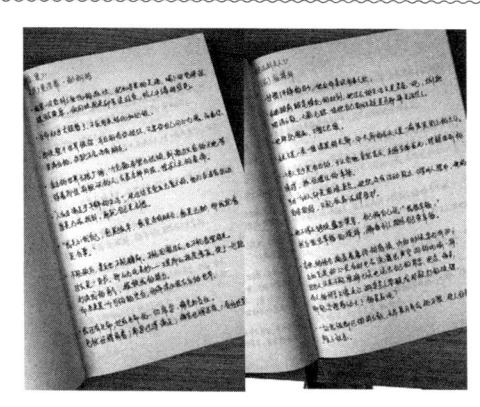

图 3-1　笔记本摘录

⑤回顾与应用：定期回顾你的摘录内容，思考它们对你的启发和影响。尝试将摘录中的金句应用到实际生活中，让阅读成果转化为实际应用。

当积累了一定的金句或观点后，可以尝试在实际生活中套用一下，或者给身边的亲人朋友分享感悟，这样能更加深记忆。

摘录是一种高效的阅读方法，能够帮助我们快速提取书中的精华，积累金句，深化对书籍的理解。如果能坚持不断地摘录和整理，就能帮助我们建立自己的知识库，为日后的工作、写作、演讲等场景提供丰富的素材和灵感。

## 二、查阅作者的故事，读书更有效

不知道有多少读者在看一本书前，会先去了解作者的故事。这一

## 第三章 三种花式阅读方法，轻松提升阅读力

举动，不仅能够为我们的阅读之旅铺设一条更加顺畅的道路，更能让我们在理解作品时达到前所未有的深度与广度。

通过查阅作者的生平、时代背景、个人经历乃至心路历程，我们得以窥见那些隐藏在字里行间的深层动机与情感寄托。这些元素如同钥匙一般，解锁了作品背后未被言说的秘密，让我们能够更了解作者创作时的心理状态，进而精准捕捉书籍的核心主题与思想精髓。比如，了解一位历史小说作家所处的时代风貌，能帮助我们更好地理解其笔下人物的性格塑造与故事走向；而探索一位哲学家的生活轨迹，则能让其深奥的理论论述变得生动可感，易于理解。

<u>每位作者都拥有独一无二的写作风格，这种风格如同他们的指纹，深深地烙印在每一部作品之中。</u>通过了解作者的写作习惯、语言特色及艺术追求，我们能够更加敏锐地捕捉到作品中的独特韵味，领略到文学艺术的无穷魅力。

对于科普工具类书籍而言，作者的专业背景与实践经验直接决定了书籍的权威性与实用性；而对于文学传记类作品，作者的个人经历则成为理解作品情感深度与思想内涵的关键要素。

因此，我强烈建议每一位热爱阅读的朋友，在每次翻开新书之前，都先进行一次小小的"预习"——搜集并阅读一些关于作者的传记资料、访谈记录、相关文章等。这些资料不仅能够为我们提供宝贵的背景信息，更能在无形中为我们的阅读之旅增添无限乐趣与收获。当你带着对作者及其作品的深入了解再次翻开书页时，相信我，你将会开启一段全新的、更加丰富多彩的阅读之旅。

举个例子，诺贝尔文学奖作品《荒原狼》是一本评分很高却有些晦涩难懂的书。为了更好地理解这本书，我曾在阅读前查阅了作者赫

尔曼·黑塞的背景，以下是我根据查到的信息总结的内容：

黑塞出生于德国的一个牧师家庭，他从小就接触到了广泛的文化和开放的思想，他酷爱音乐、绘画、哲学和宗教，这些元素都深深地融入了他的作品中，使之充满浪漫色彩。然而经历第一次世界大战后，黑塞的作品却发生了明显的变化。他颠沛流离于多个城市，还不得不经历与妻子离婚、疾病折磨等困境。也就是在这段时期，他创作了《荒原狼》。丰富的精神世界和残酷的现实让他陷入一种人性的分裂状态。

《荒原狼》中的主人公哈利·哈勒尔，正是黑塞内心世界的真实写照。哈利既追求精神的独立与自由，又无法摆脱内心的孤独与迷茫；他既渴望融入社会，又无法忍受社会的黑暗和变幻无常。黑塞通过对哈利内心世界的描绘，把他的孤独、迷茫、挣扎等情感以具象化的形式展现出来，同时还通过对现实世界的描绘，展现了社会的矛盾和冲突。

在了解了黑塞的背景故事后，我也能深刻地领悟到《荒原狼》的主题和思想内涵。

搜集作者的背景，不仅仅是为了更好地理解作品本身，更是一种激发阅读兴趣、拓宽知识视野的有效方式。当我们对作者产生了浓厚的好奇心与探索欲，这份热情自然会延伸到其作品上，使得阅读过程变得更加主动与享受。同时，通过了解不同作者的多样经历与思想观点，我们也能够培养更加全面而深刻的思考能力。

## 三、整理观点，扩充知识库

除了"搜集"金句和查阅作者的故事外，另一个有效的方法就是整理书中的观点,这是搭建个人知识体系不可或缺的环节。正如认知心理学所揭示的,通过积极的信息整合与分类,我们能够更加深入地理解和记忆新知识,从而在心灵深处构建起一座坚实的知识殿堂。

通过将书中的观点进行整理和分类,我们可以明确知识之间的联系和脉络。寻找和探索书里的观点,这一过程非常有趣。对于我而言,我喜欢在笔记本电脑里"整理观点",建立知识库。

之前我在阅读阿尔弗雷德·阿德勒的《自卑与超越》这部心理学著作时,书中那些关于个体心理发展、社会兴趣与人生使命的深刻见解,为我提供了宝贵的自我反思与成长的素材。以下是我如何系统地整理部分观点以丰富我的知识库的过程:

**1. 观点捕捉**

在《自卑与超越》的字里行间,阿德勒揭示了自卑感这一普遍存在的心理现象,它既是个人成长的绊脚石,也是推动我们向前的隐形动力。我对书中关于自卑感起源的探讨尤为关注,认识到它源于童年的经历、社会的比较以及个体对完美的不懈追求。这一过程促使我反思自己的内心世界,识别出那些隐藏在潜意识中的自卑情绪,并尝试理解它们如何影响我的决策与行为。

同时,我也被阿德勒提出的"追求优越感"的概念所吸引。他指出,自卑感往往促使我们寻求某种形式的优越感来弥补内心的不足。我深入思考了这种追求的本质,以及它如何可能导向健康或病态的成长路径。这两部分的概念很打动我,于是在阅读的过程中,我用荧光笔和便利贴对一些段落进行了标注(见图 3-2),确保它们成为我后续整理的宝贵素材。

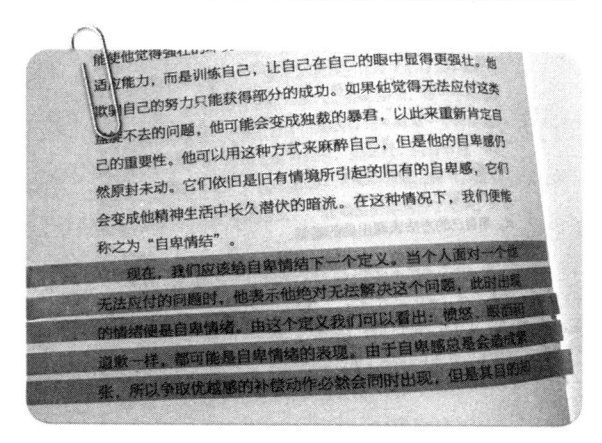

图 3-2 用荧光笔和便利贴对段落进行标注

**2. 深度摘录**

摘录观点时,我并不满足于复制粘贴原文,而是努力将其转化为自己的语言,并融入个人的生活体验和思考。我挑选出那些对我触动最深、最具启发性的句子进行摘录,并在旁边写下自己的感悟、疑问和联想。这些个性化的注解不仅加深了我对书中观点的理解,也为我构建了一个更加个性化的理解框架。

以书中"自卑感是推动个体进步的动力"这一观点为例,阿德勒在书中提到,正是对现状的不满和对更好自我的渴望,才促使人们不断前行,努力超越自我。在摘录这一观点时,我不仅记录了阿德勒的论述,也写下了自己的真实生活案例(见图 3-3):

> **自卑感是推动个体进步的动力**
>
> 几年前,我满怀激情地辞去了稳定的工作,决定投身创业大潮。然而,由于缺乏经验和市场洞察,我的创业项目最终以失败告终。那段时间,我深陷自我怀疑与自卑之中,觉得自己一无是处。但正是这份深重的自卑感,成为我重新站起来的动力。我开始反思自己的失败,意识到自己在某些领域的不足,并决定寻找新的出路。
>
> 我偶然间接触到了新媒体写作,发现自己在文字表达上有一定的天赋和热情。于是,我决定将这份兴趣转化为副业,通过不断学习和实践,逐渐在新媒体领域找到了自己的位置。虽然起初困难重重,但我凭借着对写作的热爱和不懈的努力,签约了不少大平台,开启了写作之路,逐渐获得了编辑和读者的认可和赞赏。读了《自卑与超越》后,我理解了原来在这个过程中,我把自卑感转化为了前进的动力,它让我敢于面对失败,勇于尝试新事物,最终实现了自我价值的提升。

图 3-3 记录自己的真实生活案例

看了理论学习再加上个人经历,我更加坚信阿德勒的观点——自卑感并非全然负面,它能在一定程度上激发我们的潜能,促使我们不断追求进步与超越。同时,我也学会了如何将这种动力转化为实际行动,为自己的生活增添更多的色彩和可能。

### 3. 分类与整理

完成摘录之后,我开始对这些观点进行分类和整理。我会根据书的不同主题创建不同的文件夹。在《自卑与超越》的框架下，我设立了"自卑感的本质与影响""社会环境的影响""个体成长与超越"等主题文件夹，并将相关摘录按主题归类（见图3-4）。这一过程不仅帮助我厘清了书中的逻辑脉络，还促使我思考这些观点之间的内在联系与相互作用。同时，我也开始利用思维导图、概念图等可视化工具，将这些观点以更加直观、系统的方式呈现出来，构建起属于我个人的知识体系。

图3-4 构建知识体系

另外，我会对每本书定义一个大的类别，比如这本书我归类到了"认知心理学"的主题下。实际上现在有了 AI 工具辅助之后，我们可以更好地归纳和整理自己的知识库。关于如何灵活使用 AI 工具帮助我们高效阅读的方法，将在第四章详细阐述。

**4. 观点深化**

对于《自卑与超越》中的观点，我并未止步于理论层面的理解。同时，我还尝试将阿德勒的理论融入我的日常决策和行为模式中，学会以更加积极和理性的态度面对生活中的挑战和困难。

同步地，我也鼓励身边的人一起参与这段获得知识与自我成长的旅程。我们共同阅读《自卑与超越》，分享彼此的感受和见解，通过思想的碰撞和交流来深化对书中观点的理解。

所以，如果你对一本书很感兴趣，一定要尝试按照自己的思路去整理书中的观点,最初可以记录到笔记本或是手机上,循序渐进,慢慢体会积累知识的乐趣。我相信这些知识和积累一定会对你未来的学习和生活产生积极的影响。当然,你还可以找来更多的同类书籍进行阅读,这就会涉及高阶的阅读技能,这部分内容也将在下一章详细介绍。

在信息浪潮中,阅读成为大家探寻智慧与力量的独特航标。摘抄金句,与智者共鸣;查阅作者故事,触摸历史脉搏;整理观点,铸就独特见解。阅读,不仅是知识的积累,更是心灵的滋养。它让我们在纷繁世界中保持一份宁静与深邃,在人生旅途中坚定信念与方向。愿每位读者都能领略阅读之美,让智慧之光照亮前行的道路,书写出绚烂的人生篇章。

## 第二节 玩"阅读游戏",提升阅读乐趣

玩游戏会让人乐此不疲,它充满了娱乐性和挑战性。对比之下,读书就显得单调乏味,其实我们可以打破这一界限,通过引入游戏化的思维,将阅读转变为一场场充满探索与发现的奇妙旅程。

以下四种精心设计的阅读游戏,旨在显著提升大家的阅读体验,让深邃的知识海洋变得引人入胜。

### 一、互动游戏:和朋友一起打卡吧

把社交元素融入阅读体验中,阅读将不再是一个人的孤独旅程。通过与朋友分享阅读心得,我们能够相互启发,碰撞出思想的火花,从而更深入地理解书籍内容，提高了阅读的趣味性和动力，也让我们更加享受阅读的过程。

为了让互动游戏能持续进行，这里建议设置以下四个规则：

**1. 寻找一位志同道合的阅读伙伴**

精心挑选一位或多位阅读兴趣相投的伙伴，可以是亲密的朋友、志同道合的同事，或是充满智慧的家人。这样的组合能确保阅读的氛围既温馨又充满挑战。

**2. 制订一份详细的阅读打卡计划**

你需要和阅读伙伴共同制定一份详尽而可行的阅读打卡计划，明确每日或每周的阅读目标、阅读时间及打卡方式。利用社交媒体平台或专门的阅读 App 记录进度，分享心得，让每一次阅读都成为可视化的成果。

每日阅读打卡计划

- 本次阅读书目：《鲁迅经典小说集》
- 阅读小目标：读完 1~2 篇短篇小说
- 阅读时间：12：00—13：00
- 打卡方式：20：00 在微信群里发读书心得
- 打卡格式为：今日阅读小说《×××》
  对小说的理解 / 对人物的分析
  金句分享

**3. 建立互动分享与交流机制**

可以设立固定的交流时段,如每周一次的线上或线下聚会,分享各自的阅读感悟、精彩段落及遇到的疑问。鼓励彼此进行相互提问与解答,让思想和感悟在交流中不断升华。

**4. 设立奖励机制与总结分享**

为了保持长久的阅读热情,设立奖励机制是必不可少的,如完成阅读任务后的小礼物、共同享受美食等。同时,在书籍阅读结束后,组织一次总结分享会,回顾阅读旅程中的点点滴滴,将收获的知识与感悟以更加生动的方式呈现出来。

我曾经和一个朋友一起阅读和探讨《红楼梦》这本书。我们规定每周只阅读三章,每读完一章就发朋友圈记录一下。每周日我们会相约线上或线下一起探讨这几章遇到的疑惑和感悟,一起查阅资料,寻找答案。有了彼此的监督,我们阅读的兴趣和动力都很强烈。慢慢地,我们对这本古典文学大部头有了更深入的理解,每次探讨的内容也会更丰富。后来,我们也一起阅读了其他一些书,每个小阶段我们一起享用美食,读完每本书也会相约去做一些有意义的事。

这种和朋友一起进行的阅读互动游戏不仅能够激发阅读动力,增加阅读的趣味性,也让每一次的相聚都成为知识与情感的双重盛宴,让阅读成为一种更加美好和有意义的体验。

## 二、探秘游戏:带着问题找答案

当我们尝试带着问题去阅读时,能够增强阅读的目的性和主动性，使阅读过程富有挑战性，更能促进我们深入理解书籍的内容。这时候我们就可以来玩阅读"探秘游戏"，开启一场与书籍的对话。

"探秘游戏"的策略能够显著提升阅读效率、加深阅读理解，这种方法的核心在于，通过预设问题引导阅读，使每一次翻页都成为一次有目的的探索，让阅读过程充满挑战与发现的乐趣。这种方法更适用于科普书籍，尤其是当不想逐字逐句读完这本书而只想从书里获取特定信息的时候。

以下，我将详细阐述这一策略在阅读《沟通的艺术》一书中的应用。这里总结为四个步骤：

**第一步：预览书籍并确定探究主题**

首先，我对《沟通的艺术》进行了全面而快速的预览。我仔细翻阅目录，浏览引言部分，获取了书籍的整体框架，也形成了对书籍内容的初步印象。

在这个过程中，我关注到了"情绪管理""沟通障碍""倾听的意义""沟通冲突"等与我当前需求高度相关的主题。于是我最终确定了本次阅读的探究主题——"改善沟通的方式"，作为指引我深入探索的主线。

**第二步：列出具体问题清单**

围绕探究主题，我开始了问题的构思与提炼。我知道好的问题能够激发思考，引导我深入书籍的重要角落。因此，我结合目录中出现的章节列出了以下一系列具体而深入的问题，它们如同导航图上的坐标点，指引我逐一探索：

√情绪如何微妙地影响沟通过程？有哪些实用的策略可以帮助我

们管理情绪，从而改善沟通效果？

√沟通中常见的障碍有哪些表现形式？我们应如何识别这些障碍，并采取有效的措施来克服它们？

√倾听为何被视为沟通中的黄金法则？有哪些高效的倾听技巧可以帮助我们更好地理解对方，促进对话的深入？

√当沟通遭遇冲突时，我们应如何保持冷静解决分歧，避免矛盾升级？

**第三步：深入阅读并寻找答案**

带着这些问题，我踏上了《沟通的艺术》的阅读之旅。我采用了跳读与精读相结合的方式，跳过了与主题不直接相关的部分，而将更多的注意力集中在情绪管理、沟通障碍、倾听技巧及冲突解决等关键章节上。每当我发现与问题相关的精彩论述或实用建议时，我都会立即标注下来，仿佛是在收集沿途的宝藏。

**第四步：整理答案**

阅读结束后，我进入了总结与反思的阶段。我会仔细回顾阅读过程中的所有标注，将它们按照问题分类整理，形成对每个问题的详细解答。同时，我也会记录下自己在阅读过程中的感悟与体会，这些感悟不仅加深了我对书籍内容的理解，也为我日后的沟通实践提供了宝贵的指导。最终，我完成了一次高效而深刻的"探秘游戏"，收获了真正有效的知识，实现了阅读效果的最大化。

如果你喜欢玩游戏，真心建议你开启一场关于阅读的"探秘游戏"，尝试以更加主动和富于目的性的方式去阅读，让每一次阅读都成为一次有意义的探索之旅。

## 三、辩论游戏：和书中观点进行辩论

在阅读过程中，很多时候会遇到作者提出的各种观点，有些观点与我们已有的认知相符，而有些则会与现有认知产生分歧。这时可以尝试玩"辩论游戏"，即与书中观点进行辩论，挖掘其背后的逻辑和依据。

首先，选择书中一个触动到你的观点。你可以站在反对或支持的角度，列出论据和理由。这些论据和理由可以来自书中的其他内容、其他书籍或文章、个人经验或观察等。之后，就想象着与作者进行一场"激烈的辩论"吧。

假如你正在阅读《乌合之众》这本书。这本书是由法国社会心理学家古斯塔夫·勒庞所著，它探讨了群体心理的特征、形成以及群体行为对社会的影响。你对书里的一个观点"群体往往缺乏理性，容易被情绪、偏见和暗示所左右，从而做出冲动的决策"产生了兴趣，然后决定玩"辩论游戏"。

如果选择支持勒庞的观点，就可以去查找一些历史上的事例，相关的例子表明，群体心理确实具有一些固有的特征，这些特征在某些情况下会导致不理智的行为。

如果质疑勒庞的观点，就要思考反对的原因并给出合理的理由，以下是我当时提出的三个反对的理由：

√群体智慧：在某些情况下，群体能够展现出惊人的智慧和创造力。

√多样性和包容性：群体由不同背景、不同观点的人组成，这种多样性和包容性使得群体能够综合考虑各种因素，从而做出更加全面和理性的决策。

√教育和引导：通过教育和引导，我们可以影响群体的心理和行为。

接着，就可以查找相关的论据去支撑自己的观点了。

"辩论游戏"适合深度阅读某一本书，特别是职场和技能培训方面的书。这个游戏或许会有一些难度，但可以培养我们的批判性思维，还能够提升我们对阅读内容的理解能力和思辨能力。当有了一定阅读基础后，不妨尝试去挑战一下。

## 四、DIY 游戏：把喜欢的文字变成独家手账

在阅读的过程中，一些特别的文字仿佛带着某种魔力，触动着我们的心灵。把这些喜欢的文字亲手制作成个性化的手账，则是一种独特而富有创意的方式，能够加深我们对阅读的印象，提升阅读的体验。

以前我只会把喜欢的文字录入到笔记本电脑里，直到我认识了另一位爱读书的朋友，才感受到手账的魅力。一次聚会中，她分享了自己的笔记本，她把读过的很多文学名著都做成了手账。她告诉我，自己会购买精致的手账本，还准备了彩笔、贴纸、剪刀、胶水等手账工具。每阅读一本喜欢的书，她总会把喜欢的文字都摘抄到笔记上，不同的文字还会用不同的颜色记录，精心排版，配上贴纸和手绘图案等装饰元素，制成一篇篇属于自己的手账笔记。看着精美的笔记本，我仿佛能感受到她阅读过程中的幸福感和成就感。

喜欢仪式感和绘画的读者想培养阅读兴趣，可以尝试这种 DIY

游戏，把喜欢的文字变成独家手账。通过摘抄喜欢的文字、设计个性化的排版和装饰，在不知不觉中也加深了对书籍内容的理解和感悟。这种阅读方式能够提升我们的阅读体验，让我们更加珍视和享受阅读的过程。而这些独家手账也将成为我们珍贵的回忆。

"书卷多情通其意，游戏相伴乐无穷。"无论是与朋友打卡共读，还是独自探索书中的奥秘，或是与书中的观点展开辩论，抑或将喜爱的文字化为手账（见图3-5）珍藏，都是阅读带给我们的乐趣和期待。

图 3-5  手账样式

阅读，并非孤独的旅程，而是可以充满欢声笑语的探索之旅。当你翻开一本书，不仅是与作者的对话，更是与自己内心的深度交流。希望你在阅读的过程中，能够找到属于自己的那份乐趣，让阅读成为你生活中不可或缺的一部分。

## 第三节　学会"列大纲",再难的书也能变简单

在茫茫书海中,每一本书都如同一座知识宝藏,等待着我们去挖掘。但面对那些深奥难懂的书籍,许多人往往感到无从下手。本节将会介绍"列大纲"这一阅读方法,学完就能轻松驾驭任何书籍。

### 一、通过目录列大纲,用自己的方式阅读

很多人拿到书后就直接从头到尾阅读,最终要么难以接受密集堆积的信息中途弃读,要么花了大量时间读完后却没有吸收到任何知识。实际上不管我们读什么样的书,尤其是科普、商业、认知类的书籍,都可以把生硬难啃的文字变成自己容易理解的内容坚持读下去。

对于初级阅读者而言,想要获取有效的知识,就不能忽视目录的作用。目录是书籍的骨架,清晰地展示了书籍的章节安排和内容概要。我们完全可以通过仔细阅读目录,迅速把握书籍的整体结构,并根据目录里的信息重新组合一个阅读大纲,也就是我们想要掌握并且需要的这本书里的内容,然后用自己的方式开启这本书的阅读之旅。

下面,我会以《自卑与超越》这本书为例,详细讲述通过目录列大纲的阅读方法。

**1. 浏览目录**

《自卑与超越》是一部探讨人类自卑心理及其对个人成长和社会关系影响的经典之作。在读这本书前,我先快速浏览了目录,了解了

主题和整体结构。这本书的目录一共有十二章，并且每一章还分了数个小节，由浅入深，信息量非常大。

**2. 挑选重点章节**

我根据目录内容，确定了其中的四章是我更加关注以及想学习的核心部分。这四章分别是"生活的意义""自卑感和优越感""家庭的影响""爱情与婚姻"。

**3. 整理阅读思路**

我把挑选出的四章按照逻辑关系排序，然后分成了三个部分，同时，又把相邻或相关章节进行整合，形成了一个初步的阅读思路（见图 3-6）。

| 整理阅读思路 |
| --- |
| **第一章　生活和成长** |
| 人生的三大事实 |
| 童年对人生的影响 |
| 正视青春期 |
| 平衡生活的三条系带 |
| **第二章　自卑感与优越感** |
| 自卑情结 |
| 追求卓越感 |
| 设立有意义目标 |
| 社会兴趣和社会平等 |
| **第三章　家庭和婚姻** |
| 母亲的影响 |
| 父亲的角色与责任 |
| 夫妻是平等的伙伴关系 |
| 婚姻观与人生观 |

图 3-6　整理阅读思路

这样，不仅降低了阅读的难度，同时也没有遗漏我想要获取的知识。当然，每个人都可以根据自己的不同需求，去创建个性化的阅读大纲，体验用自己方式阅读的满足感。

总的来说，根据"目录列大纲"这种阅读方法，不仅可以帮助我们更加有针对性地进行阅读，避免在无关紧要的内容上浪费时间和精力，还让我们提高了阅读效率，增加了阅读的动力，形成了我们对书籍独特的思考和理解。

## 二、提问式列大纲，快速阅读

我很佩服以前的领导，她每次坐飞机出差时都能读完一本书，不仅读得快，还能有效运用其中的很多知识。我曾经向她请教过这种快速阅读的方法，她告诉我每次阅读前她都是脑子里先过一遍想要了解的问题，然后再去书中获取答案。于她而言，这样去阅读一本书才是高效的。后来当我读的书越来越多以后，也越来越喜欢这种提问式的阅读方法。

作为新手读者而言，想要做到快速阅读，就可以运用"提问式列大纲"的方法。这种方法能够帮助我们快速抓住书籍的核心内容。提问式列大纲的核心在于"先问后读"，通过在阅读前提出问题，并在阅读过程中寻找答案，我们可以构建一个清晰、实用的阅读大纲。

这里还是以《自卑与超越》这本书为例来阐述，如何通过提问列一个大纲。

**1. 浏览书籍并设定问题**

快速浏览《自卑与超越》这本书的封面、目录和引言部分，这样就对书籍的整体结构和主题有了一个初步了解，这本书主要是"剖析自卑形成的原因，以及如何克服自卑超越自我"的方法。之后就可以根据主题，主动思考你想从这本书里学习到的内容，然后提出相关的问题。例如：

- 为什么人会感到自卑？
- 自卑感对个人成长有哪些负面影响？
- 作者提出了哪些方法来克服自卑感？

提出的问题可以越多越好，这能让你的大纲更丰富。

**2. 构建初步阅读大纲**

之后就可以根据思考的问题，再结合目录和引言内容，构建一个初步的阅读大纲。以上的三个问题大概可以列成以下大纲（见图3-7）：

```
一、自卑感的成因分析
    早期记忆
    家庭影响
    社会文化因素
二、自卑感对个人成长的影响
    校园社交
    职场生存
    婚姻家庭
三、克服自卑感的方法与策略
```

图3-7 形成初步阅读大纲

当然初步的大纲不需要写得太完整，这只是暂时帮助我们规划了一个阅读目标，在后续阅读过程中还可以不断完善。

**3. 带着问题泛读**

当带着问题去阅读时，可以快速翻阅这本书，遇到难理解的内容也不用停下来思考，而是要始终关注大纲中列出的问题和主题。将书中的内容与这些问题相对应，对于重要的观点、论据或结论，借助文具做好标记或笔记，以便后续的总结整理。

**4. 完善阅读大纲**

在阅读过程中，随着对书籍内容的深入理解，可能会发现之前列出的问题或主题有所遗漏或需要补充。此时，应及时完善阅读大纲。同时，将阅读过程中产生的新问题或疑惑也加入大纲中，以便后续继续研究。这样，之前的初步大纲就可以更改为（见图3-8）：

> 一、自卑感的成因分析
> 　　早期记忆
> 　　家庭影响
> 　　学校的影响
> 　　社会文化因素
> 二、自卑感对个人成长的影响
> 　　校园社交
> 　　职场生存
> 　　婚姻家庭
> 三、克服自卑感的方法与策略
> 　　设立有意义的目标
> 　　学会面对自己的成长
> 　　平衡生活

图 3-8　更新阅读大纲

### 5. 回顾与总结

在阅读完成后，回顾整个大纲，确保所有问题都得到了解答或解释。你可以把整个过程都记录在笔记本或者电脑上，便于之后能快速获取想要的信息。同时，这样一份"解答报告"也形成了属于你的独特的读书笔记。当然，随着你对知识需求的不同，还可以提出新问题重新阅读这本书。

"提问式列大纲"的阅读方法适合阅读科普工具类的书籍，旨在帮助读者快速吸收感兴趣的知识。通过提问和寻找答案的方式，也能够更加深入地探索书籍的主题和观点。把厚厚的书读薄，还能快速获取有效知识，值得尝试起来！

## 三、万能大纲模板，吃透一本书

以上两种列大纲的方式主要适用于计划想要阅读的书籍。那如果你随机选择了一本书，面对枯燥又密密麻麻的文字，会不会感到无从下手呢？别担心，下面我会给大家分享三种简单通俗的万能大纲模板（见图 3-9、图 3-10 和图 3-11），不仅让阅读有针对性，更能帮助我们系统地理解和记忆书中的内容。

### 模板一：知识科普类大纲模板

阅读科普类知识类的书籍可以参考这个模板有条理地、有目标地进行学习和理解。模板中的各个部分都有助于读者快速识别书籍的核心和重点，避免迷失在大量的信息中。阅读一本书可以根据需求多次套用这个模板，而阅读的过程就像是"填充"大纲模板的过程。

> 模板一：知识科普类大纲模板
> 1. 引言与概述
>    书的主题是什么？
>    作者为什么写这本书？
>
> 2. 核心概念和案例
>    书里介绍了哪些概念？
>    作者用什么案例阐述这些概念的？
>
> 3. 总结和启示
>    如何总结这本书的精髓？
>    我能从这本书里获得哪些启示？

图 3-9　大纲模板（1）

现在以《认知觉醒》这本书为例，演示模板一的运用。

《认知觉醒》

1. 引言与概述

书的主题是什么？

《认知觉醒》是一本探讨人类认知原理与提升个人成长方法的书籍。

作者为什么写这本书？

作者周岭希望通过分享自己的研究和实践经验，帮助读者认清大脑的本质，掌握提升认知能力的技巧，从而摆脱惰性和焦虑，实现真正的自我改变和成长。

2. 核心概念和案例

书里介绍了哪些概念？

①大脑构造与认知规律：书中详细讲解了人类大脑的三重结构——本能脑、情绪脑和理智脑，并分析了它们在认知过程中的作用与冲突。

②潜意识与元认知：探讨了潜意识如何影响我们的决策和行为，以及如何通过元认知（自我觉察和自控力）来摆脱潜意识的束缚。

③专注力与学习力：介绍了专注力的重要性及其影响因素，提出了通过深度学习、关联反馈等方法提升学习力的策略。

④行动力与情绪力：强调了行动力在个人成长中的关键作用，并提供了如何突破行动障碍、保持情绪稳定的方法。

⑤人生修行的五件必备神器：包括早起、冥想、阅读、写作和运动，这些习惯被视为促进个人成长和觉醒的重要途径。

作者用什么案例阐述这些概念的？

①大脑构造与认知规律：作者通过描述自己在日常生活中经常遇到的决策困境、情绪波动以及行为失控等情境，结合神经科学的研究，解释了这些现象背后的大脑结构及其运作机制。例如，他提到在面对诱惑时，本能脑和情绪脑往往会战胜理智脑，导致做出不利于长期发展的选择。

②潜意识与元认知：周岭分享了自己曾经陷入焦虑和自我怀疑的经历，说明潜意识中的负面信念是如何影响他的决策和行为的。然后，他通过实践元认知的方法，如自我觉察和反思日记，逐渐摆脱了潜意识的束缚，实现了自我成长。

③专注力与学习力：作者描述了自己在尝试学习新技能或阅读复杂书籍时遇到的专注力分散问题。他通过实践深度学习、关联反馈等方法，成功提高了自己的专注力和学习效率。

④行动力与情绪力：周岭在书中提到自己曾经是一个拖延症患者，经常因为缺乏行动力而错过重要机会。他通过设定明确目标、制订详细计划以及培养坚持不懈的习惯，成功克服了拖延症。同时，他

也分享了自己在面对挫折和失败时如何保持情绪稳定的方法。

⑤人生修行的五件必备神器：作者详细阐述了自己如何通过实践早起、冥想、阅读、写作和运动这五个习惯来提升自己的认知能力和个人成长。他描述了自己在坚持这些习惯的过程中遇到的挑战和收获，以及这些习惯如何相互支撑、共同促进他的全面发展。

3. 总结和启示

如何总结这本书的精髓？

《认知觉醒》的精髓在于通过深入剖析大脑的认知规律，揭示了人类行为背后的深层原因，并提供了一套系统提升认知能力和个人成长的方法论。这些方法不仅涉及对大脑结构的科学认识，还包括了具体的行动策略和心理调适技巧，旨在帮助读者实现自我觉醒和持续成长。

我能从这本书里获得哪些启示？

①认识自我，接纳天性：通过了解大脑的三重结构及其运作机制，认识到自己的天性并非完美无缺，从而更加宽容地对待自己的不足。

②提升元认知能力：学会自我觉察和自控，摆脱潜意识的束缚，更加主动地掌控自己的思想和行为。

③专注当下，深度学习：通过身心合一的训练和沉浸式学习模式，提高专注力和学习效率，实现知识的深度掌握和灵活运用。

④行动起来，持续成长：明确目标，制订计划，并采取实际行动，不断突破自我限制，实现个人成长和蜕变。

⑤培养良好习惯，享受成长过程：将早起、冥想、阅读、写作和运动等习惯融入日常生活，享受成长带来的喜悦和满足。

这个案例里，只总结了《认知觉醒》这本书中的部分内容。通常情况下，这类书里的知识都很密集，我们参考大纲时可以先选择阅读自己感兴趣或是需要了解的内容，之后可以再次参考大纲阅读其他部分的内容。

知识科普类大纲模板像是探索科学世界的得力助手。通过这个模板，我们可以轻松把握科普知识的核心要点，从基础到进阶，逐步拓宽我们的知识领域。有了这个模板，你还会担心看科普书记不住吗？

### 模板二：文学类大纲模板

很多人读文学大部头会担心自己看不懂，或无法深入理解剧情的意义。这时候就可以套用"文学大纲模板"。

---

模板二：文学类大纲模板

1. 创作背景
   作者有什么特殊经历？
   这本书的创作背景是什么？

2. 角色和故事
   书里有哪些人物？他们的个性是怎样的？
   作者是怎么描述这些人物和他们之间的故事？

3. 剧情主题
   作品的主要剧情是什么？有没有特别精彩的部分？
   这本书想要传达的主题或思想是什么？

4. 读后的感想
   读完这本书你有什么感受或收获？

---

图 3-10 大纲模板（2）

从了解作者的创作背景开始，可以对作品有个初步的了解。通过"角色和故事"的探讨，读者可以更深入地理解书中人物，与之产生情感共鸣，增强阅读体验，也能解决"记不住人物故事"的痛点。而在"剧情主题"这个部分可以帮助读者更好地把握故事的发展脉络和主题思想。"读后的感想"鼓励读者思考书籍对个人生活的意义和影响，这部分其实才是品读文学作品带来的真正价值。

接下来，我们参考文学大纲模板来阅读《活着》：

《活着》

1. 创作背景

作者有什么特殊经历？

余华出身于一个普通的医生家庭，自己也曾做过牙医，这段经历让他对生命、苦难和人性有了更为深刻的洞察。此外，他经历了从"文化大革命"到改革开放的社会变革，这些社会动荡和变迁也为他的作品提供了丰富的素材和灵感。

这本书的创作背景是什么？

《活着》的创作灵感部分来源于余华听到的一首美国民歌《老黑奴》，歌曲中老黑奴历经苦难却依然乐观坚强的精神深深触动了余华。于是，他决定以这首歌为灵感，创作一部反映中国普通人在大时代背景下生存与苦难的小说。小说的创作背景跨越了多个历史时期，通过主人公徐福贵的人生轨迹，展现了近半个世纪中国社会的巨大变迁和普通人生活的艰辛。

2. 角色和故事

书里有哪些人物？他们的个性是怎样的？

徐福贵：小说的主人公，原本是一个地主家的少爷，因嗜赌成性而败光家业，之后经历了一系列家庭变故和社会动荡，最终只剩下他和一头老牛相依为命。

家珍：福贵的妻子，勤劳善良，默默承受着生活的苦难，是福贵精神上的支柱。

有庆：福贵的儿子，懂事活泼，却因医疗事故不幸早逝。

凤霞：福贵的女儿，聋哑人，在生孩子时因失血过多去世。

二喜：凤霞的丈夫，勤劳能干，却因工程事故丧生。

苦根：福贵的外孙，七岁时因吃豆子撑死。

作者是怎么描述这些人物和他们之间的故事？

● 福贵与家珍

家珍是福贵的妻子，她不仅是福贵生活中的伴侣，更是他精神上的支柱。在福贵因赌博败光家产后，家珍没有选择离开，而是默默地承受了生活的苦难，与福贵一同面对困境。她对福贵的爱深沉而持久，无论福贵如何落魄，她都始终不离不弃。在共同经历了一系列家庭变故和社会动荡后，家珍与福贵的感情更加深厚，他们相互扶持，共同度过了人生中最艰难的时光。

● 福贵与有庆

有庆是福贵的儿子，他懂事、活泼，是福贵心中的骄傲。然而，有庆的命运却异常悲惨，他因医疗事故不幸早逝。这一事件对福贵来说是一个巨大的打击，他失去了心爱的儿子，也失去了对未来的希望。余华通过描写有庆的短暂生命，展现了生命的脆弱与宝贵，同时也揭示了社会底层人民在医疗条件匮乏下的无奈与悲哀。

● 福贵与凤霞

凤霞是福贵的女儿，她虽然是听障人士，但心地善良、勤劳能干。凤霞的婚姻是小说中的一个重要转折点，她嫁给了勤劳能干的二喜，为家庭带来了新的希望。然而，凤霞的命运同样坎坷，她在生孩子时因失血过多去世。福贵失去了又一个至亲之人，他的内心充满了悲痛与无助。凤霞的聋哑与爱情、她的婚姻与离世，都深刻地反映了社会底层女性在苦难中的坚忍与牺牲。

● 福贵与二喜

二喜是凤霞的丈夫，他勤劳能干、心地善良。二喜的出现为凤霞和福贵一家带来了新的生活动力，他用自己的双手努力改善家庭状况，让凤霞和福贵感受到了生活的温暖。然而，二喜的命运同样不幸，他在一次工程事故中丧生。二喜的离世让福贵再次感受到了生命的无常与残酷，他失去了一个可以依靠的女婿和伙伴。

● 福贵与苦根

苦根是福贵的外孙，他是福贵晚年生活中的唯一慰藉。然而，苦根的命运同样悲惨，他在七岁时因吃豆子撑死。苦根的离世让福贵彻底失去了对生活的希望与寄托，他成为一个孤独的老人，只能与一头老牛相依为命。

3. 剧情主题

作品的主要剧情是什么？有没有特别精彩的部分？

地主少爷福贵嗜赌成性，败光家业后历经内战、饥荒等苦难，家庭遭遇重大变故，亲人相继离世。最终，福贵孤身一人与老牛相伴，以淡然态度回顾往昔，展现了生命的坚韧与活着的意义。

书中很精彩的一个部分是福贵赌场失财的转折点。故事开篇，福贵作为地主家的少爷，过着无忧无虑的生活，却因嗜赌成性而一夜之间败光家业。这一情节不仅为后续的苦难生活埋下了伏笔，也展现了人性的贪婪与脆弱。福贵在赌场中的疯狂与绝望，以及他输光家产后的悔恨与无助，都被余华描绘得淋漓尽致。

这本书想要传达的主题或思想是什么？

小说想要传达的主题是"人不是为了活着之外的任何事物而活，

而是为了活着本身而活"。在极端困苦和接连不断的悲剧面前，福贵依然选择坚强地活下去，这种对生命的执着和尊重令人动容。同时，小说也揭示了命运的无奈和生活的不可捉摸，以及在苦难面前人性的光辉与阴暗。

4. 读后的感想

读完这本书你有什么感受或收获？

《活着》通过福贵的故事，向我们展示了一个普通人在极端困苦中如何坚持"活着"的信念。福贵的一生充满了苦难与挫折，但他从未放弃对生命的执着追求。他的故事告诉我们，"活着"不仅仅是为了生存而生存，更是为了那些让我们感受到生命温度的人和事而活着。在"活着"的过程中，我们学会了爱、学会了坚强，也学会了珍惜。这些宝贵的经历与感悟，让我们更加深刻地理解到"活着"的真正意义——那就是在经历风雨后依然能够笑对人生，用一颗感恩的心去拥抱每一个当下。

从以上的例子可以看出，文学类大纲模板为阅读文学作品提供了一个全面的分析框架，帮助读者从多个角度理解作品。这个模板不仅有助于读者提高文学鉴赏能力，还能激发读者的想象力和创造力，促进读者对文学作品的深入理解和感悟。许多背景格局宏大、人物故事线复杂的文学大部头比如《霍乱时期的爱情》《罪与罚》等，都可以套用该模板，让文学阅读之旅变得简单又充满乐趣。

### 模板三：商业实用大纲模板

这个模板帮助读者将商业书中的理论知识或方法应用到实际生活中，实现知识的价值转化。同时通过"如何应用"部分，读者可以学习到如何运用书籍中的知识或方法来解决实际问题。这个模板提供了一个有效阅读商业实用书的方法。

> 模板三：商业实用大纲模板
> 1. 这本书能做什么
>    作者的个人经历是什么？
>    这本书是关于什么的？
>    我能从这本书学到什么有用的东西？
>
> 2. 书的主要内容
>    书里说了哪些重要的内容或方法？
>    我该如何理解这些内容或方法？
>
> 3. 如何应用
>    我该怎么把这些内容或方法用在生活中？
>    书里有没有提供实际的例子或案例？
>
> 4. 总结
>    如何总结这本书的精髓？
>    这本书好在哪里？

图 3-11 大纲模板（3）

接下来，我们参考商业实用书大纲模板来阅读《引爆点》：

《引爆点》大纲

1. 这本书能做什么

这本书是关于什么的？

《引爆点》主要探讨了社会流行现象背后的规律和机制。

我能从这本书学到什么有用的东西？

我能从这本书学到如何分析和预测社会流行趋势的方法。

2. 书的主要内容

书里说了哪些重要的内容或方法？

作者马尔科姆·格拉德威尔提出了"引爆点"的概念，并分析了社会流行现象背后的三个关键因素：

个别人物法则：个别人物是引爆流行的关键，他们包括联系员、内行和推销员。

附着力因素：流行事物本身应具备的要素，即让人过目不忘或至少留下深刻印象的特性。

环境威力法则：发起流行的环境极端重要，甚至微小的外部环境变化都可能决定其是否流行。

我该如何理解这些内容或方法？

我应该理解到，在传播信息或发起流行时，找到并利用这些个别人物是至关重要的；在设计和传播信息时，应关注信息本身的质量、创新性和吸引力，以确保其具备足够的附着力；在创造流行时，需要密切关注并适应环境的变化，以便在最佳时机和条件下推出信息或产品。

3. 如何应用

我该怎么把这些内容或方法用在生活中？

我可以运用"引爆点"的原理来分析和预测社会流行趋势，从而在生活中做出更明智的决策。

● 识别并利用个别人物

联系员：找到并接触那些在社交网络中广泛连接的人，他们可以是社交媒体上的影响者、社区领袖或行业专家。通过他们，我需要推广的信息可以更快速地传播到目标受众。

内行：寻找在我所推广的领域有深厚知识或经验的人，他们可以为我的产品或想法提供权威的支持和背书。

推销员：识别那些擅长说服他人、具有强大感染力的人。他们可以帮助我更好地传达产品或想法的价值,并说服目标受众采取行动。

● 增强信息的附着力

创新内容:使用有趣的故事、引人入胜的视觉效果或反直觉的观点来吸引受众的注意。

简化信息:使用简洁的口号、图表或动画来解释产品或想法的核心价值。

● 适应并利用环境

观察趋势:密切关注当前的社会趋势、文化潮流和受众需求。确保我的推广策略与这些趋势相契合,以便在最佳时机推出我的产品或想法。

利用环境:找到那些有利于我推广的环境或场景。例如,在社交媒体上发布与当前热门话题相关的内容,或在特定场合(如展览、会议)中展示我的产品或想法。

书里有没有提供实际的例子或案例?

● 个别人物法则案例:

书中提到的保罗·里维尔(Paul Revere)是一个同时具备内行和联系员天赋的男子。他通过骑马夜行的方式传播了重要信息。这个例子展示了如何识别并利用个别人物来推动信息的传播。

● 附着力因素案例:

书中提到的 iPod 是一个具有强大附着力的产品。它的漂亮外形和一般随身听无法比拟的容量使其在市场上脱颖而出。这个例子展示了如何通过增强信息的附着力来吸引受众的注意。

● 环境威力法则案例:

书中提到的"破窗理论"是一个关于环境对行为影响的例子。它表明，如果一个地方的窗户被打破且无人修复，那么这个地方的其他窗户也可能会被破坏。这个例子展示了环境对人们行为的影响，以及如何通过改变环境来影响流行的产生和扩散。

4. 总结

如何总结这本书的精髓？

作者马尔科姆·格拉德威尔在《引爆点》一书中，通过深入剖析多个流行现象背后的原因，提出了引发流行并保持势头的三大法则。

①个别人物法则：每一次流行的产生都是由个别重要人物驱动的。这些人物可能是联系员、内行或推销员，他们具有独特的能力和特点，能够在人群中传播信息并引发流行。

②附着力因素法则：书中提到，信息本身是否具有吸引力、易于记忆和传播，是影响其能否流行的关键因素。

③环境威力法则：环境对于流行的产生具有至关重要的作用。在某些特定的环境下，即使是最不起眼的信息也可能引发流行。

作者认为，只有同时考虑这些因素，才能更好地理解流行现象的产生和扩散，并在实际生活中应用这些理论。

这本书好在哪里？

《引爆点》是一本极具洞察力和实用价值的书籍。它提出了一个新颖的理论框架，通过深入分析流行现象背后的原因，揭示了"引爆点"这一概念，激发了读者的好奇心和思考。书中案例丰富生动，将理论与实际紧密结合，使读者能够直观地理解"引爆点"理论的应用。更重要的是，《引爆点》不仅提供理论支撑，更是一本实践指南，帮助读者在市场营销、公关传播等领域找到实际应用的价值。

商业实用书大纲模板为我们提供了一条将理论知识转化为实际行

动的捷径。通过这个模板，我们可以清晰地了解书籍的目的和主要内容，快速掌握实用的方法和技巧。掌握好这个大纲模板，阅读任何方法论的书，都可以学以致用。

以上三个万能大纲模板，知识科普类大纲模板帮助我们梳理知识脉络，文学类大纲模板引领我们品味文学的魅力，实用书大纲模板指导我们实现知识转化。<u>在追求知识的道路上，一份好的大纲模板能成为我们前进的得力助手，帮助我们巩固和强化知识的有效吸收</u>！让我们善用这些模板，开启一段充实而精彩的学习之旅吧！

第四章

# 掌握高效阅读技能，从阅读新手到阅读高手

想要在阅读的世界里乘风破浪,成为真正的阅读高手吗?本章将带你解锁进阶高效阅读的秘密武器!书单阅读法助你快速构建知识框架,AI工具让阅读效率翻倍,尝试复述则让知识深深烙印。让我们一起踏上这段充满激情的阅读之旅,挑战自我,超越极限,成为阅读领域的佼佼者吧!

第四章 掌握高效阅读技能，从阅读新手到阅读高手

## 第一节 书单阅读法，快速成为领域专家

在浩瀚无垠的知识宇宙里，每个人都是探索未知的航行者，驾驭着自己的智慧之舟，追寻着知识与技能的宝藏。无论是为了职业生涯的飞跃，还是个人兴趣的深化，掌握新领域的知识无疑是拓宽视野、增强个人竞争力的关键。然而，面对网络上海量的碎片化信息——公众号上的快速贴士、百度上的零散解答、小红书上的流行攻略，许多人容易陷入一种错觉，误以为浏览即学习，积累即成长。实则不然，这些孤立无关联的知识点如同散落的珍珠，缺乏一条主线将它们串联成璀璨的项链，难以在实际应用中发挥真正的作用。

本章节的核心价值，在于引领读者穿越迷雾，掌握一套系统性的方法——"书单阅读法"，助力在新领域的探索之旅中，从零开始搭建起坚实的知识框架，并以此为基石，精挑细选书籍，构建个性化的学习路径。通过深入学习与有效复盘，最终将知识内化于心，外化于行，实现从新手到专家的华丽蜕变。掌握了这一方法，你将无惧未知，能够勇敢踏入任何陌生的知识领域，收获满满。

## 一、获取新知：搭建新领域知识框架

在日常生活与工作中，我们不难发现，无论是文学创作前的提纲挈领，艺术创作中的初步构图，还是项目管理中的流程规划，都离不开一个清晰的基础框架。这一框架如同航海图，为我们指明了方向，确保了后续工作的有序进行。同理，在学习新领域知识时，构建一个稳固的知识框架同样至关重要。

假如你想学习"时间管理"这个领域的知识，那应该如何开始呢？

**1. 设定明确的学习目标**

首先，你需要清晰地定义自己希望通过学习时间管理达到的具体目标。这些目标可以是提高工作效率、改善生活习惯，或是更好地平衡工作与个人时间等。明确这些动机后，将它们转化为具体、可量化的目标。例如，你可以设定：

"在接下来的两个月内，掌握时间管理的基本原则和技巧，使日常任务完成率提升30%。"

明确的目标将引导你更加聚焦地收集信息和构建知识框架。

**2. 广泛搜集信息**

利用互联网、图书馆、专业播客等多元化渠道，广泛搜集关于时间管理的相关资料。从基础概念到前沿理论，从实用方法到成功案例，无一不成为你构建知识框架的宝贵素材。同时，加入相关的社群、论坛或社交媒体群组，与志同道合的伙伴交流心得，碰撞思想火花，这将帮助你获得更加全面和深入的理解。别忘了在此过程中，记录下你感兴趣或需深入探究的知识点，为后续构建框架打下基础。

### 3. 构建知识框架

在搜集到足够信息的基础上，就可以构建时间管理的知识框架（见图4-1）了。这个框架可以是一个思维导图或是一个详细的大纲，这个过程需要我们细致地整理和分析所收集到的信息，最好是将其归纳为几个相互关联且逻辑清晰的核心部分，并确保每个部分都相互关联，形成一个完整的体系。比如我通过查询资料并根据自己重点关注的信息，构建了如下框架：

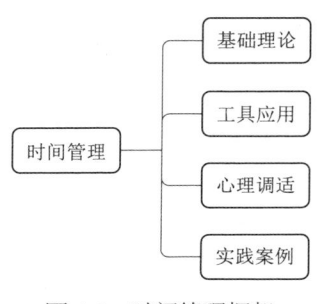

图4-1 时间管理框架

作为框架的基石，必须先了解新领域的基础理论知识，掌握一些核心概念，才能更深入地学习。当然有了理论知识还不够，我们需要掌握一些具体的时间管理工具和一些实操性的策略。另外，时间管理不仅仅是技术层面的操作，更涉及心理层面的调适，所以我加入了"心理调适"这一部分，比如如何克服拖延症等。最后我认为可以学习和分析一些成功人士的时间管理经验，这样能获得宝贵的启示和灵感。

### 4. 细化知识点

初步构建的框架虽已成型，但仍需不断细化与完善。针对每个知识点进行深入挖掘与拓展，确保你对每个部分都有全面而深刻的理解。这一过程可能需要你去搜索或查阅更多的关联信息，通过不断地深化与细化，使你的知识框架将更加丰满与坚实（见图4-2）。

接下来，你就可以根据这个框架去挑选合适的书籍进行学习了。所选的每一本书都将是知识宝库中的一块基石，帮助你一步步攀登新

轻松阅读：如何高效阅读一本书

领域的高峰。

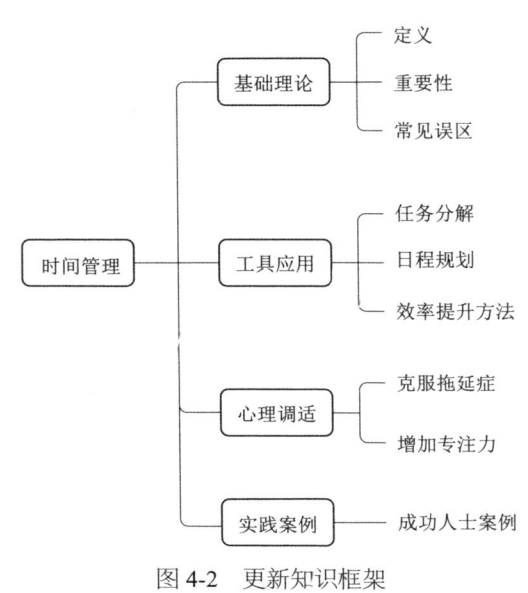

```
时间管理 ─┬─ 基础理论 ─┬─ 定义
         │           ├─ 重要性
         │           └─ 常见误区
         ├─ 工具应用 ─┬─ 任务分解
         │           ├─ 日程规划
         │           └─ 效率提升方法
         ├─ 心理调适 ─┬─ 克服拖延症
         │           └─ 增加专注力
         └─ 实践案例 ─── 成功人士案例
```

图 4-2　更新知识框架

## 二、有效选书：快速获得新领域书单

如何精准地挑选出既符合个人知识体系又能助力深入学习的书籍，是一项技术活。以下将详细阐述每一步操作，确保大家都能够高效且有针对性地获得个性化的阅读书单。

**1. 要与学习目标匹配**

选书前，先回顾在上一阶段构建的知识框架，确保每一个知识点都能被清晰地定义并且能挑选出合适的书与该目标相对应。比如上文中在"时间管理"领域，我把知识框架细化为了九个知识点，针对每个知识点，我都希望能达成具体的学习成果。这时候我就可以根据自己的时间和能力规划阅读目标：

通过三个月的时间学习完"时间管理"这个领域的知识，每个月我计划看两本书，一共可以选出六本书来阅读，并且书的内容要涵盖我的知识框架里的九个知识点。

当规划好阅读目标后，就可以进入选书流程。在这个过程中，我把九个知识点的内容作为关键词，在各大图书电商平台、图书馆目录、专业学术网站等进行搜索。记录下所有相关书籍的标题、作者、出版社及简要介绍。然后基于书籍的标题、简介和初步评价，剔除那些明显与我的学习需求不符或质量不高的书籍。

最终保留那些看起来内容丰富、评价积极且与我的知识框架高度相关的书籍作为候选，此时就有了一个初步的书单。

**2. 利用权威推荐**

在构建新领域阅读书单的过程中，权威推荐与专家意见是不可或缺的宝贵资源。

确定了专家或意见领袖后，接下来要做的就是查询他们在社交媒体上提及的书籍推荐、学习路径和个人经验分享，这些都可能是我们构建书单的宝贵参考。在搜集到专家推荐的书籍后，不要急于全盘接受，主要关注那些能覆盖我们想要了解的知识点的书籍。这个过程又可以得到一份新的书单。

**3. 利用专业网站和平台**

为了更全面地了解书籍的质量和适用性，可以选择一些具有较高知名度和公信力的书评网站作为参考，比如，在文学和人文社科领域有着广泛用户基础和高质量书评的"豆瓣读书";还有一些专业的图书购买网站等。在浏览这些平台时,通过它们的推荐系统和书评功能,继续查找并整理出相关领域的热门书单和高评分书籍。

**4. 参考前辈经验或社群讨论**

如果有机会接触到已经在新领域中有所建树的同行或前辈,不妨向他们请教书单推荐。也可以尝试加入相关的专业论坛、学习小组或社交媒体群组等,积极参与讨论、提问和分享,与同频的人交流学习心得和书籍推荐。在这个过程中要注意倾听那些有经验的前辈和同行的声音,他们的建议和推荐往往具有很高的参考价值。

**5. 筛选书籍**

在收集了足够多的候选书籍后,先别急着去购买和阅读,而是要进行深度筛选和个性化定制。以下是一些详细的操作建议:

● **对比书单**:将不同渠道搜集到的书单进行综合对比,不仅要看书籍的标题和作者介绍等基本信息,还要关注书籍的评分、用户评价、出版时间、版本更新情况等多个维度的信息。通过对比,找出那些在不同来源中重复出现或评价极高的书籍作为重点考虑对象。

● **阅读书籍简介和目录**:对于筛选出的书籍,不要仅仅停留在标题和简介上。要仔细阅读书籍的简介、目录以及章节摘要等内容。这有助于我们更全面地了解书籍的架构、主要内容和深度广度是否符合阅读需求。

● **查看样章或试读**:如果可能的话,尽量尝试阅读书籍的样章、试读部分或在线预览章节。如果书籍的试读部分就让你感到满意和兴奋,那么它很可能就是你需要的那一本书。

### 6. 构建个人书单

在完成深度筛选后，就可以根据定的目标和时间安排来个性化定制阅读书单了。这个过程可以按照知识点的顺序来安排阅读顺序，也可以根据自己的兴趣和偏好来选择先读哪本书，还可以根据书籍的难易程度和阅读速度来合理规划阅读进度。

以下就是我通过详细筛选后得到的"时间管理"书单（6本），并按照知识点的顺序进行了排序：

① 《时间管理：如何高效利用你的24小时》：这本书由吉姆·兰德尔所著，通过精练的语言和生动的案例，深入浅出地介绍了时间管理的基础理论。我想要了解的时间管理的"定义"、"重要性"以及"常见误区"都有。我相信读完这本书，我对时间管理就有了一定的了解！

② 《吃掉那只青蛙》：这本书通过"吃青蛙"的比喻，强调了任务优先级的重要性。作者博恩·崔西提供了实用的方法和技巧，帮助我学会如何设定目标、分解任务并优先处理最重要的事项。

③ 《番茄工作法》：这个工作法由费朗西斯科·西里洛创立，简单而高效。这本书能让我学习到更好的日程规划方法。

④ 《高效能人士的七个习惯》：史蒂芬·柯维的这本书不仅讲了时间管理，还讲了其中的"要事第一"习惯对于时间管理至关重要。它通过生动的案例和深入的剖析，展示了做好时间管理如何有效提升工作效率。

⑤ 《把时间当做朋友》：李笑来的这本书不仅介绍了时间管理的方法，还深入探讨了心理层面的问题。它告诉我们如何克服拖延、增强自控力，并学会与时间做朋友。

⑥ 《奇特的一生》：这本书是科学家柳比歇夫的传记。他坚持了

56年的"时间统计法",为读者提供了宝贵的时间管理实践案例。通过了解成功人士的实践案例,我们可以获得深刻的启示和灵感。

**7. 制订阅读计划**

学习是需要持续和专注的,当拥有了自己的新领域学习书单后,我建议你为每本书籍设定具体的阅读目标和时间节点。关于制定阅读方案的方法,读者可以重温一下第二章。在阅读过程中,如果发现某本书籍不如预期中那么有用或与你的学习目标不符,也可以灵活调整阅读计划,将时间分配到其他更有价值的书籍。此外,定期回顾和调整自己的书单也是非常必要的。保持对新知识的敏感度和好奇心,随时准备将新的优质资源纳入自己的学习计划中。

总之,通过以上步骤,你将能够快速且有效地获取时间管理领域的高质量书单,为深入学习打下坚实的基础。记住,选书只是第一步,真正的关键在于阅读、实践和反思。

## 三、整理复盘:把知识"纳为己有"

在完成对新领域书籍的广泛阅读后,一个至关重要的步骤便是整理复盘,这一过程旨在将零散的知识点编织成网,构建起坚实的知识体系,并促使这些知识在实际生活中生根发芽,真正转化为个人的能力与智慧。

有效地整理复盘,需要以下四步:

**1. 知识梳理与分类**

在阅读每本书籍时,采用主动阅读的方式,不仅要关注文字表面的信息，更要深入思考其背后的逻辑与意义。使用不同颜色的笔或阅读工具，将重点内容、个人见解、疑问点及潜在应用场景分别标记或记录出来。确保笔记既全面又具有针对性，能够反映你对知识的独特理解和思考过程。同时，也要关注书籍中的案例分析和经验分享，以便更好地掌握知识。关于如何写出有效的读书笔记，会在下一章重点介绍！

完成梳理后，还需要对笔记进行二次整理。将相似或相关的知识点归类，形成初步的主题或分类框架。在这一过程中，你可能会发现一些原本看似孤立的知识点之间其实存在着紧密的联系。通过提炼关键词和核心概念，进一步完善笔记内容，使其更加条理清晰。

根据这个思路，我们把上文中时间管理领域细化出的九个主题知识点进行分类整理，每个知识点还可以扩展出数个子主题，根据对应书籍中的内容进行填充。例如，"任务分解"又继续拆解为任务规划、优先级排序、时间跟踪等。

这时候就可以利用思维导图工具，将分类后的知识点以图形化的方式呈现（见图4-3）。在绘制过程中，注重知识点之间的连接与互动，用箭头、线条等符号表示它们之间的逻辑关系。这样，一张完整的知识地图就构建完成了，它将成为我们日后学习、回顾与应用的重要工具。

**2. 实践应用与调整**

除了理论知识的学习，还需要设定具体的实践目标。这些目标应该与你的学习目标和实际需求紧密相关。实践计划越详细越好，可以包括具体的行动步骤、时间安排和预期成果等。实践应用其实可以在

**轻松阅读：如何高效阅读一本书**

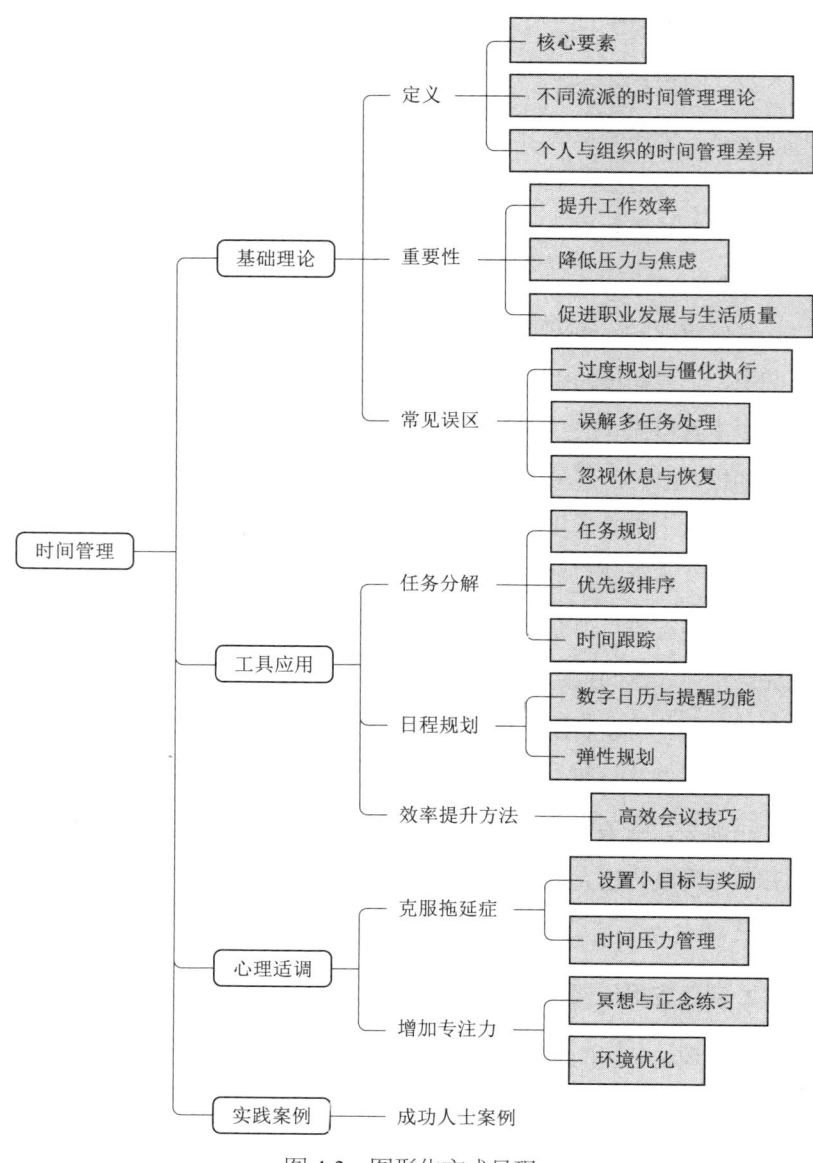

```
时间管理
├── 基础理论
│   ├── 定义
│   │   ├── 核心要素
│   │   ├── 不同流派的时间管理理论
│   │   └── 个人与组织的时间管理差异
│   ├── 重要性
│   │   ├── 提升工作效率
│   │   ├── 降低压力与焦虑
│   │   └── 促进职业发展与生活质量
│   └── 常见误区
│       ├── 过度规划与僵化执行
│       ├── 误解多任务处理
│       └── 忽视休息与恢复
├── 工具应用
│   ├── 任务分解
│   │   ├── 任务规划
│   │   ├── 优先级排序
│   │   └── 时间跟踪
│   ├── 日程规划
│   │   ├── 数字日历与提醒功能
│   │   └── 弹性规划
│   └── 效率提升方法 ── 高效会议技巧
├── 心理适调
│   ├── 克服拖延症
│   │   ├── 设置小目标与奖励
│   │   └── 时间压力管理
│   └── 增加专注力
│       ├── 冥想与正念练习
│       └── 环境优化
└── 实践案例 ── 成功人士案例
```

图 4-3　图形化方式呈现

阅读过程中就开始，不一定非要等学习完所有书目以后。例如，我在阅读完《番茄工作法》并做好读书笔记后，就给自己设定了一个目标，在接下来的一个月里使用番茄工作法完成一些固定工作任务，并跟之前的工作方法对比，评估是否提高了工作效率。

另外，建议将实践目标分解为若干个阶段或任务，每个阶段都设定具体的完成时间和验收标准。在实践过程中，及时记录自己的行动过程、遇到的挑战以及解决策略。这些记录将成为你后续反思与调整的重要依据。比如我进一步细化了对番茄工作法的实践，将其拆分为每天独立的计划，并且每周进行一次总结，具体的实施过程我还绘制了一张完整的表。关于列阅读计划的方法，读者可以参考第二章中的内容。

根据计划表中的反馈与结果，我们可以灵活调整实践计划和学习策略。如果发现某个方法效果不佳或存在改进空间，不要犹豫，尝试新的方法或调整原有方法的细节。保持开放的心态和持续优化的意识是实践成功的关键。

### 3. 总结提炼与分享

把实践和理论结合起来，这一步很重要。回顾自己从阅读到实践的全过程，提炼出最有价值的经验和教训。这些经验和教训不仅是对知识的深刻理解，更是个人成长的宝贵财富。可以将它们都记录下来，作为自己知识体系的一部分。

我们可以撰写学习心得，在撰写过程中，注重逻辑性和条理性，用生动的语言和具体的例子来阐述你的观点和见解。之后便可以利用社交媒体、论坛等多种渠道分享你的感悟。积极参与相关领域的讨论和交流活动,与同行们分享经验、交流见解。通过分享与交流,你不仅可以获得他人的反馈和建议来进一步完善自己的知识体系,还可以结识志同道合的朋友和导师来拓宽你的人际资源网络。关于分享的意义和如何进行有效分享,将在本章最后一节深度讲解。

**4. 持续学习与优化**

学习是一个永无止境的过程。无论你已经取得了多大的成就或掌握了多少知识,都应该保持对新知识的渴望和好奇心。关注行业动态、新兴技术和发展趋势等前沿信息;参加线上线下的培训课程、研讨会和讲座等活动;与领域内的专家和学者保持联系和交流等。这些都将为你提供源源不断的学习动力和灵感来源。

同时,为了保持学习的连续性和有效性,你可以建立一套持续学习的机制。例如,设定每天或每周的学习时间和任务量;制订长期和短期的学习计划与目标;利用碎片时间进行阅读和思考等。同时,定期回顾和评估自己的学习情况和成果,及时发现问题并进行改进和优化等。

在学习过程中,勇于尝试新事物和挑战自我边界也是非常重要的。不要害怕失败或挫折,相反地,应该将它们视为成长机会和动力源泉。通过不断尝试新方法和新技术来拓宽自己的知识边界和能力范围;通过克服困难和挑战来提升自己的意志力和抗压能力等。这些都将使你变得更加自信和强大,从而在未来的学习和工作中取得更大的成功和成就。

总之,书单阅读法是一条快速成为"领域专家"的路径。我们通过搭建新领域知识框架明确了学习的方向,通过有效的选书策略,获取了高质量的新领域书单,通过整理复盘,将所学知识深度内化,最

第四章 掌握高效阅读技能，从阅读新手到阅读高手

终形成了个人知识体系。想要探索新领域的话，不妨开始尝试"书单阅读法"吧，让知识之光照亮你的前行之路！

## 第二节 借助 AI 工具，效率倍增

在数字化、智能化的今天，AI（人工智能）技术已经渗透到了我们生活的方方面面，为我们的生活带来了前所未有的便利。在阅读这一领域，AI 工具同样发挥着巨大的作用，它们不仅能够帮助我们告别搜索的烦恼，一键获取背景知识，还能整合书中观点，辅助我们进行深度复盘。更重要的是，AI 工具能够搜索相关联的书籍，丰富我们的书架。

本节将为大家介绍 AI 工具在阅读中的神奇魅力，探索它们如何助力我们实现阅读效率的倍增，并享受阅读带来的无限乐趣。

### 一、告别搜索烦恼，一键获取背景知识

在阅读的旅途中，我们时常会遇到一些需要额外背景知识才能深入理解的内容。这些背景知识可能涉及作者生平、作品创作背景、相关历史事件或者专业术语解释等。传统的做法是通过搜索引擎逐一查询，但这种方式效率不高。这时候，就显示出了 AI 工具的妙用。

AI 工具通过自然语言处理、机器学习等技术，能够智能地解析用户输入的查询请求，并从海量的信息中筛选出最相关的背景知识。无论是查询作者的生平和作品风格，还是了解作品创作时的历史背景

和社会环境，AI 工具都能为我们提供便捷、高效的服务。

现在有很多实用有效的 AI 工具，比如"文心一言""讯飞星火""智普清言"等。读者可以尝试使用这些工具，最后选择适合自己的"AI 助理"。下面，我们来看看如何借助 AI 工具迅速查询一本书的背景知识。

以商业畅销书《定位》为例，在阅读这本书前，我想先了解一些基本信息。这时可以打开一个 AI 工具网页（这里以"文心一言"为例），在提问框里输入以下内容（见图 4-4）：

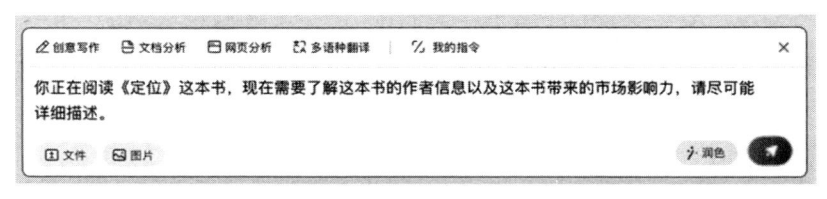

图 4-4　输入内容（1）

为了得到有效信息，我们在向 AI 提出需求时，必须给出明确的指令。每一个 AI 工具给出的信息内容和逻辑结构或许会有所不同，建议可以分别进行尝试。

以下是"文心一言"给我的回复：

> 关于《定位》这本书的作者信息以及它带来的市场影响力，我可以这样归纳：
>
> 作者信息：
>
> 艾·里斯（Al Ries）：
>
> 地位：世界最著名的营销战略家之一，被誉为"定位之父"。

职业背景：里斯和里斯（Ries&Ries）咨询公司的主席，该公司主要业务是为众多知名企业提供战略选择服务。

贡献：长期致力于研究和实践定位理论，与杰克·特劳特共同推动了定位理论的发展和应用。

杰克·特劳特（Jack Trout）：

职业背景：全球最顶尖的营销战略家，也是美国特劳特咨询公司总裁。

贡献：与艾·里斯合作撰写了《定位》一书，共同开创了定位理论。

市场影响力：

行业认可：

《定位》被美国知名市场营销专业杂志《广告时代》评选为"史上百本最佳商业经典"之首。

《定位》被美国知名企业家杂志 *Entrepreneur* 评选为"促使商业变革的12本营销书籍"之一。

销售成绩：

数据显示，《定位》丛书在中国销售超过200万册，销售成果在商业类图书里排名数一数二。

《定位》"经典重译版"于2017年上市，继续受到广大读者的青睐。

理论价值：

《定位》提出了一个颠覆性的观念，即在市场竞争中，企业不仅仅要满足顾客需求，更要在顾客心智中占据一个独特的位置。

轻松阅读：如何高效阅读一本书

> 该书深入剖析了"定位"概念，并提供了进入顾客心智的实用方法和策略，为企业提供了全新的战略思路。
>
> 实践应用：
>
> 《定位》中的理论和方法被广泛应用于各个行业和领域，帮助企业取得了显著的经营成果。
>
> 该书不仅改变了人们对营销和竞争的理解，还为企业提供了具体的战略指导和实践工具。
>
> 综上所述，《定位》是一本具有深远市场影响力的经典之作，它的作者艾·里斯和杰克·特劳特在营销领域具有崇高的地位和声望。这本书的理论和实践价值被广泛认可和应用，为企业带来了巨大的商业成功。

得到以上这些信息用了不到 10 秒，大大提升了搜索资料的效率。这个方法适用于任何书籍，不仅是获取书本和作者的背景知识，哪怕是遇到书里面生疏的概念，同样可以借助 AI 工具，让其呈现出详细的解释和案例。

比如一些经济学书籍里可能会涉及诸如"供需关系""货币政策"等核心概念，这时候我们在 AI 工具中输入需求（见图 4-5）：

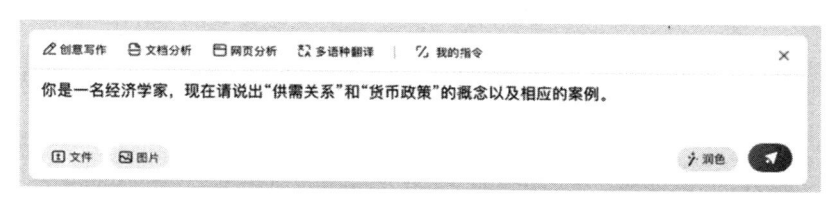

> 你是一名经济学家，现在请说出"供需关系"和"货币政策"的概念以及相应的案例。

图 4-5 输入内容（2）

以下是"文心一言"给我的回复：

> 作为一名经济学家，对"供需关系"和"货币政策"这两个核心概念有着深入的理解。下面，我将分别解释这两个概念，并给出相应的案例。
>
> 供需关系
>
> 概念：
>
> 供需关系是指一定时期内社会提供的全部产品、劳务与社会需要之间的关系。这种关系涵盖了质的适应性和量的平衡。在社会再生产过程中，各个部门之间既互相供给产品或劳务，又相互提出需求，从而形成了互为条件、互相制约的供求关系。保持良好的供求关系是社会经济发展的目标之一。
>
> 案例：
>
> 人力资源供需关系：某地区制造业快速发展，吸引了大量劳动力前往就业，导致人力资源供给过剩。然而，由于企业技术升级和自动化程度的提高，对高技能人才的需求并未相应增加，导致部分低技能劳动力难以找到合适的工作，形成了供需结构的不平衡。
>
> 农产品市场供需关系：某地区农业产业发展迅速，但受到天气灾害影响，农产品产量大幅下降。同时，由于该地区农业劳动力供给不足，无法及时完成农产品的种植和采摘工作，导致市场上农产品供应短缺，价格大幅上涨。这个案例展示了供需关系在农产品市场上的具体表现。

货币政策

概念：

货币政策是指中央银行为实现特定的经济目标所采取的各种控制和调节货币供应量或信用量的方针、政策和措施的总称。货币政策是一种宏观经济政策，通过调节社会总需求来间接调控经济。其目标通常包括稳定物价、充分就业、经济增长和国际收支平衡。

案例：

调整法定准备金率抑制通货膨胀：

背景：面对经济过热和通货膨胀压力上升的情况，中央银行决定通过提高法定准备金率来收紧银根。

措施：自2010年起，中国中央银行多次上调存款准备金率，以减少商业银行可用于放贷的资金量，进而控制货币供应量。

效果：这一系列措施有效地抑制了通货膨胀的进一步上升，维护了经济的稳定增长。同时，也提醒市场参与者关注货币政策的调整对经济活动的影响。

公开市场业务操作：

背景：在1998年，为应对亚洲金融危机对中国经济的冲击，中国人民银行决定通过公开市场业务操作来增加基础货币供应，支持经济增长。

措施：中国人民银行恢复并加大了公开市场业务的操作力度，通过买卖国债等金融工具来调节市场上的货币供应量。

效果：公开市场业务操作成功地增加了市场上的货币供应量，为商业银行提供了更多的资金来源，促进了贷款的增加和经济的增

## 第四章 掌握高效阅读技能，从阅读新手到阅读高手

长。同时，也展示了货币政策在应对经济挑战中的灵活性和有效性。

这两个案例分别展示了货币政策在抑制通货膨胀和刺激经济增长方面的具体应用及其效果。通过这些案例可以看出，货币政策是中央银行调节经济的重要手段之一，其运用需要根据经济形势的变化灵活调整。

技巧：使用 AI 工具时，可以在你提出问题的时候，根据问题的内容给 AI 赋予一个角色，合适的角色可以让 AI 在回答相关领域问题时更专业、更详细。

文学书籍同样适用，这里以经典文学作品《名利场》为例，对于不熟悉这本书的历史背景的读者来说，理解小说中的某些情节和人物关系可能就会存在一定的难度。

我同样向 AI 发起了简单的提问（见图 4-6）：

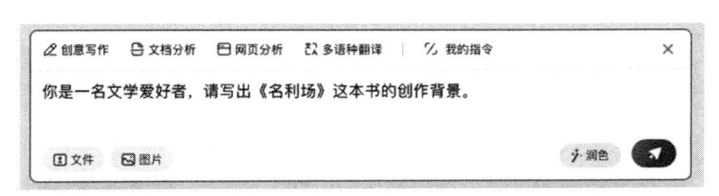

图 4-6 输入内容（3）

以下是我收到的答复：

《名利场》（Vanity Fair）是十九世纪英国批判现实主义作家威廉·梅克比斯·萨克雷创作的长篇小说，其创作背景可以从多个方面进行探讨：

一、时代背景

社会背景：十九世纪初期的英国正处于维多利亚时代，这一时期资本主义经济蓬勃发展，工商业成为国家的经济支柱。然而，社会阶层的分化也日益加剧，富商大贾与底层劳工之间的贫富差距悬殊，社会风气中充斥着拜金主义、追逐名利和权势的风气。这种社会现实为萨克雷的创作提供了丰富的素材和深刻的思考。

文化背景：十九世纪三四十年代以后，反映中产阶级的妇女观和家庭观大量涌现，宣称男女有清晰的性别角色分工，即男人属于外面商业和政治的公众世界，女人属于家庭的私人世界。这种观念在《名利场》中也有所体现，尤其是通过女主人公蓓基·夏泼的形象，展现了当时社会对女性的期待和限制。

二、作者生平与创作动机

作者生平：萨克雷（William Makepeace Thackeray）于1811年7月18日生于印度加尔各答附近的阿里帕，1863年12月24日卒于伦敦。他出身于一个中产阶级家庭，父亲是东印度公司的收税员。这样的家庭背景使得萨克雷对当时社会的各个阶层有了深入的了解和体验，为他创作《名利场》提供了坚实的基础。

创作动机：萨克雷在创作《名利场》时，正值英国社会变革和转型的关键时期。他希望通过这部作品，无情地揭露封建贵族的腐朽堕落和资产阶级的虚伪面目，同时展现人性的复杂和多样。他以一种圆熟泼辣的手笔，淋漓尽致地描绘了一幅十九世纪英国贵族资产阶级上层骄奢淫逸、钩心斗角的生活图景。

三、文学背景

文学流派：《名利场》是萨克雷作为批判现实主义作家的代表

第四章 掌握高效阅读技能，从阅读新手到阅读高手

> 作之一。批判现实主义文学强调对社会现实的深刻揭露和批判，关注人性的复杂和多样。萨克雷在《名利场》中充分运用了这一文学流派的特点，通过生动的情节和鲜活的人物形象，展现了当时英国社会的真实面貌。
>
> 文学影响：《名利场》不仅在当时引起了广泛的关注和讨论，而且对后来的文学创作产生了深远的影响。它以其独特的艺术魅力和深刻的思想内涵，成为世界文学宝库中的一颗璀璨明珠。
>
> 综上所述，《名利场》的创作背景涵盖了社会背景、文化背景、作者生平与创作动机以及文学背景等多个方面。这些背景因素相互作用、相互影响，共同促成了这部伟大作品的诞生。

此时，AI不仅呈现了这本书创作的历史背景，甚至连作者背景及这本书的文学价值都一并提供了。了解了这些信息后，读者就能更好地理解角色在小说中的行为动机和情感变化，从而更加深入地体验小说的魅力。

总之，借助AI工具，我们可以轻松告别搜索烦恼，一键获取相关书目的背景知识。这不仅提高了我们的阅读效率，还拓宽了我们的视野。在未来的阅读中，我们只要善用这些智能工具，就能让阅读之旅更加轻松愉快。当然，我们也要保持警惕和理性，辩证地去分析。

## 二、整合书中观点，帮你复盘

在阅读的过程中，我们经常会遇到各种观点、理论和案例，这些

元素交织在一起，构成了书籍的丰富内涵。然而，对于许多读者来说，读完一本书能有效记住书中的观点，是一个不小的挑战。这时，我们可以借助 AI 工具高效地整合书中观点，进行复盘，从而深化对书籍的理解。

  在使用 AI 工具前，需要先读完整本书，对书籍的主题、结构和核心观点有一个大致的了解。这一步是为了确保在后续与 AI 工具的互动中，能够更准确地提出问题和理解其回答。阅读完后就可以向 AI 提问，如"请帮我整理出《×××》一书中的主要观点"。为了更精确地获取结果，你还可以指定特定的章节或段落，如"请提取《×××》第三章中关于 ×× 主题的观点"。得到 AI 的解析后，可以和自己的理解以及随书记录进行对比查阅，从而达到复盘的目的。

  这里还是以上文中提到的《定位》为例，当你阅读完这本书并大致了解了书中的内容后，可以在提问框里输入内容（见图 4-7）：

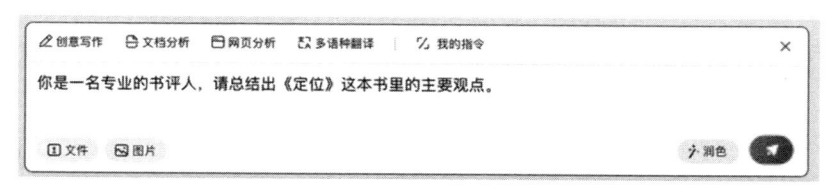

图 4-7 输入内容（4）

以下是"文心一言"给我的回复：

>   《定位》这本书由艾·里斯和杰克·特劳特合著，自出版以来，对全球营销领域产生了深远的影响。以下是该书中的主要观点总结：

## 一、定位的本质

**心智定位**：定位并非对产品本身做什么，而是针对潜在顾客的心智。它要求企业了解并操控顾客心智中已经存在的认知，通过差异化竞争，在顾客心智中占据独特的位置。

**差异化竞争**：在供过于求的市场环境中，企业需要通过定位找到与竞争对手不同的竞争优势，从而在顾客心智中脱颖而出。

## 二、定位的重要性

**心智容量有限**：人的心智空间有限，对于某一品类的品牌，人们通常只能记住少数几个。因此，定位能帮助企业成为顾客心智中的首选。

**应对传播过度**：在传播过度的社会中，只有定位明确、信息简洁的品牌才能有效触达顾客。

## 三、定位的方法

**分析外部环境**：了解竞争对手的价值和优势，找到市场中的空位。

**确立品牌优势**：避开竞争对手的强势，或利用其强势中的弱点，确立自己的品牌优势。

**寻求信任状**：为定位提供可靠的证明，增强顾客的信任感。

**整合内部运营**：将定位整合进企业内部运营的方方面面，特别是传播上要有足够多的资源，以将这一定位植入顾客的心智。

## 四、定位的策略

**细分市场**：集中火力于狭窄的目标市场，实现精准定位。

**成为第一**：在顾客心智中成为某个品类的第一，如"沃尔沃是安全的汽车"。

> 避免正面交锋：不与定位强大、稳固的公司正面竞争，而是从侧面、底下或头顶上迂回过去。
>
> 五、定位的实践案例
>
> 书中通过大量实践案例，如沃尔沃、宝马、王老吉等，展示了定位理论在不同行业和企业中的成功应用。这些案例证明了定位理论的有效性和实用性。
>
> 六、定位的长期性
>
> 长期坚持：定位不是一蹴而就的，需要企业长期坚持并不断强化品牌形象。
>
> 与时俱进：根据市场变化情况不断调整策略，以保持品牌在顾客心智中的领先地位。
>
> 综上所述，《定位》这本书的主要观点是围绕如何在顾客心智中实现差异化竞争展开的。通过精准的定位策略和方法，企业可以在激烈的市场竞争中脱颖而出，成为顾客心智中的首选品牌。

如果你发现 AI 给出的观点不够完善、不够准确，或者你对一些观点想有更深入的了解，可以继续在提示框输入具体的需求（见图 4-8），比如：

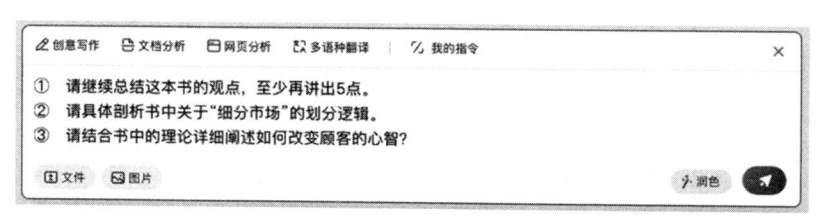

① 请继续总结这本书的观点，至少再讲出5点。
② 请具体剖析书中关于"细分市场"的划分逻辑。
③ 请结合书中的理论详细阐述如何改变顾客的心智？

图 4-8 输入内容（5）

更多的指令需要结合自己对这本书的理解来提出，不同的提问会得到 AI 不同的解答，复盘的形式同样可以多样化和个性化。

以下是"文心一言"对第 3 个指令的回复：

> 以下是根据《定位》理论提出的改变顾客心智的详细策略：
>
> 一、明确定位与差异化
>
> *分析外部环境*：首先，需要全面了解市场环境，明确竞争对手是谁，以及他们在顾客心智中的位置和价值。这一步是定位的基础，有助于识别出市场中的空白点和机会。
>
> *确立差异化定位*：在了解竞争环境的基础上，确定自己的差异化定位。这不仅仅是产品功能或特性的差异，更重要的是在顾客心智中建立独特的认知。例如，通过强调某一独特的卖点或价值主张，使品牌在众多竞争者中脱颖而出。
>
> 二、简化信息，直击心智
>
> *信息极度简化*：在信息爆炸的时代，顾客的心智容量有限，只能处理有限的信息。《定位》强调"少即是多"，传播信息时要极度简化，确保核心信息能够迅速切入顾客心智。
>
> *建立信任状*：为了支持差异化定位，需要为这一定位寻求一个可靠的证明，即信任状。这可以是专家认可、权威认证、用户口碑等，以增强顾客对品牌的信任和好感。
>
> 三、聚焦心智，持续强化
>
> *聚焦接收方*：定位要聚焦在顾客的心智上，而不是产品本身。顾客永远是对的，必须遵循他们的心智规律来制定营销策略。通

过深入了解顾客的需求和偏好,不断调整和优化传播内容,以更好地触达和影响他们。

持续传播与强化:一旦确定了差异化定位,就需要通过持续的传播来强化这一认知。在传播过程中,要保持信息的一致性和连贯性,以便在顾客心智中建立稳定的品牌形象。

四、利用心理学原理

心智阶梯:根据《定位》中的梯子理论,人的脑海中存在着无数梯子,每个梯子代表一类产品。品牌需要努力成为梯子上的最高层,从而成为品类的代表。通过持续的营销努力,使品牌在顾客心智中占据更高的位置。

利用心理捷径:心智在处理信息时会依赖各种心理捷径来降低决策成本。品牌可以利用这些心理捷径来打造信任状和差异化,如利用易得性、代表性、流畅性、社会认同等心理效应来增强品牌的吸引力和说服力。

五、应对顾客心智的变化

动态调整:顾客的心智是不断变化的,品牌需要时刻关注市场动态和顾客反馈,灵活调整定位策略。当市场环境或顾客需求发生变化时,要及时调整传播内容和方式,以适应新的市场形势。

创新引领:创新是品牌持续发展的关键。通过不断推出新产品、新服务或新营销方式,品牌可以引领市场潮流并改变顾客的心智认知。例如,通过技术创新来提升产品性能或用户体验;通过营销创新来增强品牌的吸引力和传播力。

综上所述,改变顾客心智需要综合运用《定位》理论中的多

## 第四章 掌握高效阅读技能，从阅读新手到阅读高手

> 个策略和方法。通过明确差异化定位、简化信息、聚焦心智、利用心理学原理以及动态调整和创新引领等手段，品牌可以在顾客心智中建立独特的认知并赢得他们的信任和忠诚。

借助 AI，我们对《定位》这本书有了更加深入的理解，这时候我们还可以把 AI 的解析和自己的笔记相结合，完成一篇完整的复盘笔记。

这里，不太建议读者还没有读书就直接去向 AI 寻求书里的观点。AI 工具虽然强大，但毕竟是机器，或许会遗漏或是对部分观点的理解有偏差，无法完全替代人类的思考和判断。另外，我们每一次向 AI 提出同样一个问题，很可能每一次 AI 的回复都完全不同。因此，我们不能只依赖 AI 工具，而是应该把 AI 当成辅助工具，始终保持自己的独立思考能力。

总的来说，通过智能的文本分析和总结功能，AI 能够迅速提炼出分散在书页中的主要观点，读者可以更轻松地进行复盘，回顾自己的学习成果，确保从每一本书中都能获得最大的价值。

### 三、生成摘要，快速定位信息

我们在阅读书籍的过程中，时常需要回顾和提炼书中的精华，或者查找特定的信息点。然而，面对厚重的书籍和繁杂的内容，这一过程往往耗时费力，有时候甚至还不能准确地翻阅到我们想要获取的知识。这个时候，我们也可以借助 AI 工具来提取出关键信息，并生成

简洁准确的摘要，这些摘要不仅能够帮助我们快速了解书籍的主旨和核心观点，还能够在我们复习和回顾时提供重要的参考。

同时，AI 工具还可以根据我们的需求生成不同长度和风格的摘要。建议在阅读重要的或者知识增量多的书籍时，可以借助 AI 生成每一章节的摘要。

这里以《黑天鹅》这本理论概念较多的书为例，我在 AI 工具提示框输入问题（见图 4-9）：

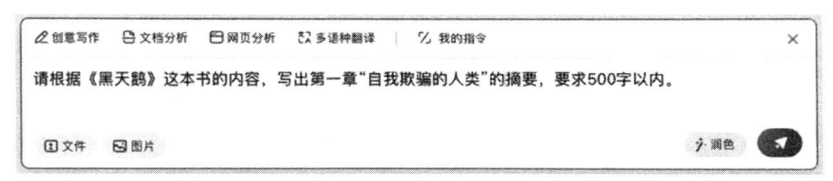

图 4-9　输入内容（6）

很快，AI 工具给了我答复：

> 《黑天鹅》第一章"自我欺骗的人类"深入剖析了人类在面对未知和随机事件时的认知局限。作者首先提出了"三重迷雾"理论，揭示了人们常常陷入的三种认知误区：一是"假想的理解"，即我们以为自己理解了正在发生的事情，但实际上可能只是事后合理化；二是"反省的偏差"，即我们的记忆往往倾向于记住那些符合我们事后认知的信息，而忽视了其他重要细节；三是"学习的诅咒"，即我们过于依赖已有的知识和经验，而忽视了未知的可能性。
>
> 接着，作者通过个人经历和历史案例，展示了这些认知误区如何影响我们的决策和判断。我们往往过于自信，认为自己能够

### 第四章 掌握高效阅读技能，从阅读新手到阅读高手

> 预测和控制一切，却忽视了那些难以预见的"黑天鹅"事件。这些事件一旦发生，往往会对我们的生活产生巨大的影响。
>
> 最后，作者强调了在面对未知和不确定性时保持谦逊和开放态度的重要性。我们应该意识到自己的认知局限，不断学习和探索新的知识和领域，以应对可能出现的"黑天鹅"事件。通过这一章节的阅读，我们可以更好地理解人类的认知偏差和局限，并学会更加理性和开放地面对未来的不确定性。

我把这个简短的摘要打印出来，贴在这本书第一章的开头，如果我想查相关的知识就能快速定位到这一章。

AI 工具以其独特的智能算法和数据处理能力，在极短的时间内提炼出了书籍的精华，这种高效与便利的结合，让阅读不再是一种负担，而是一种享受。

### 四、搜索相关联的书籍，丰富你的书架

当我们沉浸于一本精彩绝伦的书籍中时，常常会被其情节、角色和主题所吸引，进而产生想要阅读更多相似作品的欲望。然而，在众多的书籍中，如何高效、准确地找到与已读书籍相关联的作品呢？上豆瓣搜寻或者去逛书店也许能找到，但会花费大量的时间和精力，长此以往可能就会失去搜索相关书籍的动力。

这时，我们同样可以通过与 AI 工具的互动搜索到心仪的书籍。在对话框中，需要准确地输入希望查找的关联书籍信息，可以输入书

名、作者名、关键人物名或关键情节描述等，信息越丰富，AI 工具越能精确地识别和分析。它会提取书籍的关键特征，如主题分类、文学流派、作者风格、主要人物关系和情节走向等，生成一个与输入书籍相关联的书籍列表。这个列表能帮我们快速找到符合我们需求的书籍。

以《解忧杂货铺》这本书为例，假如你很喜欢这本书，希望能快速搜索到类似的书籍，可以在 AI 工具对话框中输入如下内容（见图 4-10）：

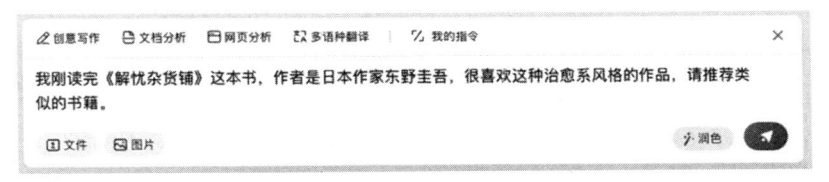

> 我刚读完《解忧杂货铺》这本书，作者是日本作家东野圭吾，很喜欢这种治愈系风格的作品，请推荐类似的书籍。

图 4-10　输入内容（7）

10 秒钟后，我得到了如下的回复：

> 如果你刚读完《解忧杂货铺》并喜欢东野圭吾的风格，以下是一些类似的书籍推荐：
>
> 东野圭吾其他作品：
>
> 《白夜行》：作为东野圭吾的代表作之一，这本书同样展现了他对于人性的深刻洞察和细腻描绘。故事以一起谋杀案为开端，逐渐揭开两个小学生之间纠缠不清的命运。
>
> 《嫌疑人 X 的献身》：这本书获得了 134 届直木奖，并被誉为东野圭吾的"巅峰之作"。它讲述了一位天才数学家和他的邻居之间的故事，涉及犯罪和复杂的逻辑推理。

第四章　掌握高效阅读技能，从阅读新手到阅读高手

《秘密》：这部作品获得了第52届日本推理作家协会奖，通过讲述一个家庭因为一场车祸而发生的秘密，探讨了人性中的善恶和牺牲。

其他作家类似风格作品：

《云边有个小卖部》：这本小说讲述了一个少年在云边镇的成长故事，与外婆相依为命，追寻梦想和远方的故事，同时也探讨了家庭、友情和成长的主题。

《岛上书店》：这是一本关于书籍、爱情和人生的温馨之作。书中通过主人公A.J.费克里的生活经历，展现了阅读如何改变一个人的人生。

《山茶文具店》：小川糸的这本书以书信为线索，串联起了一个个温馨的故事，展现了日式小清新的风格。

总结：

如果你喜欢东野圭吾的推理元素和人性探讨，可以选择他的其他作品；如果你更偏好温馨治愈的故事，那么《云边有个小卖部》《岛上书店》和《山茶文具店》将是不错的选择。

如果你认为AI的推荐还不够好，还可以增加优化需求，比如"再多推荐3本温馨治愈的作品"等。

不过，我们不能完全依赖于AI选书，还是需要自己去实践才能始终保持独立的判断标准。记住，AI工具只能是"助手"，它永远不可能替代你的思维。

## 第三节 尝试复述，让知识全吸收

在阅读的过程中，我们常常陷入一种"阅读即理解"的错觉，认为只要读过，知识就能自然而然地转化为我们的内在能力。实际上，真正的理解并不仅仅是信息的接收，更是对信息的加工、整合和再创造。本节将为大家介绍一些关于"复述"的阅读方法，不仅能加深理解和巩固知识，还能让知识在分享中焕发出新的光彩。

### 一、对空气"演讲"：温故而知新

我大学读的是英语专业，每当期末的钟声悄然临近，宿舍里便弥漫起一股紧张而又充满斗志的氛围。室友们纷纷投身于书海，埋头于图书馆的角落，与书页为伴。而我的"学霸"室友，却总能以一种独特的方式，将学习变成一场别开生面的"户外演讲"。她手持书籍，漫步至操场，翻开书页，先是静静地阅读几段，随后她合上书本，面向无垠的天空，仿佛在与空气进行一场深刻的对话。她的声音时而激昂，时而低沉，每一个单词，每一段对话都仿佛被赋予了生命跳跃在空气中。这样的场景，起初让我们感到不解甚至好笑，但每当考试成绩揭晓，她总是稳坐寝室第一的宝座，使我们不得不重新审视这看似荒诞的行为背后的智慧与奥秘。逐渐地，我们被她那种独特的学习方法所吸引，纷纷效仿。操场成了我们共同的"演讲台"，每个人都在这里找到了属于自己的声音。我们对着空气，不仅背诵单词，还复述那些复杂的历史事件和文学作品的深刻内涵。在这个过程中，我们惊喜地发现，那些曾经晦涩难懂的知识，在反复的复述与讲解中，竟变得如此清晰易懂。

古人云："书读百遍，其义自见。"而大声朗读乃至对空气"演讲"，则是这一理念的现代演绎。所以当我们想认真学习一本书的内容时，可以尝试对着空气"演讲"。

这个过程并不仅仅是逐字逐句地复述或者朗读所有的内容，它更是一种深度思考与自我对话的过程。我建议在开始复述之前，先用之前章节中提到的各种阅读方法梳理出核心观点或是重要内容，这有助于我们在复述时保持清晰的思路和逻辑，然后选择一个让自己舒适的场景，尝试用自己的语言将阅读内容复述出来，像对空气演讲一样，大声说出来，在复述过程中，尽量保持连贯和详细，不要遗漏重要信息。

当我们尝试用自己的语言去重新表述所学内容时，实际上就是在对知识进行再加工和再创造。在这个过程中，我们不仅要理解原文的精髓，还要将其转化为自己的语言体系，这种转化本身就是一种深刻的学习与理解。

复述完成后，再次翻阅书籍浏览一下阅读内容，检查自己的复述是否准确和完整。如果有遗漏或错误，及时纠正并补充完整。

对着空气"演讲"让我们成为知识的主动建构者而非被动接受者。我们不再满足于书本上的文字描述，而是开始主动探索、思考和质疑，甚至提出自己的观点。这种学习方式极大地激发了我们的学习兴趣和创造力，使得学习不再是一项枯燥的任务，而是一种充满乐趣的探索之旅。这种挑战和锻炼也让我们的思维更加敏捷，对事物的认识也更加深刻和全面。

## 二、知识分享：授人以渔

除了自我"复述"知识之外，我们还可以把知识"复述"给别人，这时我们就可以用到"费曼学习法"。费曼学习法源于诺贝尔物理学奖获得者理查德·费曼（Richard Feynman），其核心思想是通过教授他人来学习，即"以教促学"。这种方法强调，要想真正掌握一个知识点，不仅要自己理解，还要能够清晰、简洁地向他人解释。

费曼学习法可以简化为四个单词：

- concept（概念）：学习者需要明确所要学习的概念；
- review（回顾）：回顾相关知识，确保自己对这些知识有清晰的理解；
- simplify（简化）：尝试用自己的话简化并解释这些概念；
- teach（教给别人）：通过教授给他人，进一步加深自己对知识的理解。

下面，以《原则》这本书为例，介绍实践费曼学习法的四个简单步骤。

### 第一步：明确概念

《原则》这本书由瑞·达里奥撰写，深入剖析了作者一生遵循的原则和决策框架。假设我们在《原则》这本书中选择了"工作原则"作为学习焦点。

我们可以根据书中内容先列出几个关键的工作原则，如"极度求真与透明""创意择优""拥抱现实，应对变化"等。然后，深入理解这些概念是如何影响我们的工作决策、如何建立和维护高效的工作环境的。

**第二步：回顾知识**

在明确了学习焦点后，接下来就是全面回顾与深入理解的过程。我们不仅要阅读相关章节的理论知识，还要把它们与自己的工作经历和行业知识相结合，进行深度思考与对比。

例如，在回顾"极度求真与透明"这一原则时，我们可以思考自己在以往工作中是否遇到过因信息不透明而导致的决策失误，以及如何通过建立更加开放和诚实的沟通机制来避免类似问题。

通过这一步骤，我们构建起了一个以"工作原则"为核心的知识体系，为后续的解释与传授打下了坚实的基础。

**第三步：简化解释**

费曼学习法的核心在于简化与解释。为了将《原则》中的"工作原则"转化为通俗易懂的语言，我们需要运用比喻和类比等修辞手法，将复杂的理论概念转化为日常生活中的实例。

比如，在解释"创意择优"原则时，可以将其比作一场没有裁判的辩论赛，每个人都可以提出自己的观点和解决方案，最终通过讨论和投票选出最优方案。这样的解释方式不仅生动形象，而且能够帮助大家快速理解并记住这一原则。

同时，还需注意保持解释的连贯性和逻辑性，确保每一个观点都能清晰地传达给大家。

**第四步：教授他人**

到了这一步，我们已经做好了充分的准备，可以开始将所学的"工作原则"传授给他人了。选择一个合适的场合，如学习小组、团队会议或行业沙龙等，可以自信地分享自己的理解与感悟。在分享过程中，我们可以结合《原则》中的具体案例和自己的工作经验来辅助说明。

比如，在讲述"拥抱现实，应对变化"原则时，我们可以分享一个自己在工作中遇到突发情况并成功应对的实例，以此来说明这一原则的重要性和实际应用价值。

同时，我们还需要注意观察听众的反应，及时调整自己的讲解方式和节奏，确保每一位听众都能跟上我们的思路并有所收获。如果他们有不明白的地方，耐心地进行解答，直到他们完全理解。

在分享结束后，不要忘记进行反思与总结。回顾整个分享过程，思考自己在哪些方面做得比较好，哪些方面还有待改进。同时，也要积极收集听众的反馈意见，了解他们对"工作原则"的理解程度以及在实际应用中可能遇到的问题。这些反馈将成为我们进一步学习和提升的重要资源。

通过这样的知识分享过程，我们不仅能够深化自己对《原则》这本书的理解和记忆，还能在分享知识的过程中体验到成就感和满足感。同时，我们也能够帮助他人理解和学习到这些宝贵的工作原则，提高他们的工作能力和效率。这种"授人以渔"的学习方式，不仅能够让我们自己受益匪浅，也能让更多的人从中受益。此外，这样的分享还能锻炼我们的沟通能力和表达能力，提升我们在职场中的竞争力。

## 三、观点探讨：互动的意义

除了分享观点外，还要注意互动的意义。我曾经有几位书友，每次我们读完同一本书后都会相约在咖啡馆聚会，一起分享和讨论。我们轮流复述书中的某个关键观点，并阐述自己的理解。如果大家对同一个观点各抒己见，就展开深入的探讨，相互提出论据和例证，不断碰撞出思想的火花。这种互动复述的经历不仅有趣且富有成效，也让每个人都受益匪浅。

线下聚会交流是很好的方式，但如果不方便，也可以尝试线上与别人探讨。我经常举办线上读书会，成员们通过视频通话的方式，分享对某本畅销书的理解和感悟。大家依次复述书中印象深刻的内容，对故事中人物性格和情节进行热烈讨论。从不同角度解读书籍的方式，使得原本平面的文字变得立体而生动。

这种以观点探讨为主的"复述"方法有三个好处：

①**知识互补**。每个人都有自己的知识盲区和理解偏差，通过与他人交流，可以发现自身的不足，并从他人的分享中汲取新的知识养分。这种知识的互补性不仅有助于我们完善自身的知识体系，还能提升我们的认知能力和思维水平。

②**激发创新思维**。在探讨观点的过程中，我们不可避免地会遇到不同的意见和看法。这些差异性的观点会促使我们重新审视问题，从不同的角度进行思考，从而发现新的思路和解决方案。这种创新思维的激发对于提升我们的学习能力和创造力具有重要的意义。

③**增强沟通能力和合作精神**。在复述和探讨观点的过程中，我们需要清晰地表达自己的观点，理解他人的立场，并寻求共识。这种互动过程锻炼了我们的沟通能力，使我们能够更好地与他人交流和合作。

互动探讨为我们提供了深化理解和拓宽视野的宝贵机会。无论是在面对面的聚会中，还是在虚拟的在线空间中，我们都可以通过与他人分享和讨论，不断提升自己的学习能力和认知水平。真正的知识不仅在于掌握，更在于分享与探讨中的碰撞与升华。

在这一节中，我们深入探讨了学习与实践的精髓，强调了"尝试复述"作为知识内化的重要手段。通过模拟对着空气"演讲"的趣味方式，将所学知识以自己的语言重新组织并阐述出来，这一过程不仅加深了记忆，更促进了理解的深度与广度，实现了温故而知新的良性循环。

而知识分享，不仅传递了具体的知识点，更重要的是教会他人学习的方法与技巧，让知识的火种得以延续并照亮更多人的求知之路。

此外，我们还深入探讨了互动的意义，在知识的海洋中，个人的见解往往受限于视角与经验，通过与他人观点的碰撞与交流，我们能够拓宽思维边界，发现新的视角与可能。

知识因演讲而深刻，智慧在分享中绽放，观点在互动中升华。观点"复述"为每一位学习者点亮了前行的灯塔，也引领我们在知识的海洋中航行得更远更深。

# 第五章
## 通过读书实现价值转化，完成阅读的跃迁

阅读，不仅仅是一种享受，更是一种投资。本章将带你探索如何将阅读成果转化为实际价值。从完成简单的读书笔记开始，到掌握多种输出方式，再到实现阅读价值转化的多种模式，如平台投稿、分享讲书稿和短视频文案及付费社群分享等。我们将为你揭示阅读价值转化的奥秘，让你的每一分努力都能得到应有的回报。同时，我们也将探讨个人成长的价值增值形式，帮助你通过阅读实现自我超越。

第五章 通过读书实现价值转化，完成阅读的跃迁

## 第一节 从输入到输出，把读过的书变成文字

在浩瀚的知识海洋中，阅读如同一盏明灯，引领我们穿越迷雾，探索未知的领域。而输出，则是这趟旅程中不可或缺的航标，它不仅标记着我们的足迹，更照亮了将知识转化为实践、智慧乃至价值的成长之路。当我们沉浸在书海中，汲取知识的养分时，将这些知识以文字的形式表达出来，不仅是对自身学习成果的检验，也是对知识的深度理解和应用，更是实现从阅读到知识变现的重要桥梁。

当我们熟练掌握了上文的阅读方法和技巧，那输入就不再是简单的文字浏览，而是对作者深邃思想和独特观点的细致领悟。成为阅读高手之后，为了实现更有效的知识输入，我们需要从以下三个方面着手：

**1. 选择适合自己的书籍**

书籍的选择直接关系到我们阅读的质量和效果。首先兴趣是最好的老师。我们可以先选择那些能够触动心灵、激发阅读热情的书籍，让阅读成为一场愉悦的探险。无论是文学作品的细腻情感，还是科学著作的严谨逻辑，抑或历史长河的波澜壮阔，都能在满足我们阅读兴趣的同时，拓宽视野，丰富精神世界。

此外，我们也可以根据职业发展的道路挑选出合适的专业书籍。通过系统学习，不断提升自己的专业素养和竞争力，为职业生涯的每一步奠定坚实的基础。

总之，在选择书籍时，我们需要进行一番精心的挑选，确保所选的书籍能够真正满足我们的需求，并与我们的兴趣、目标和阅读水平相契合。

**2. 深度阅读**

选择好书籍后，便可以与作者进行一场跨越时空的心灵对话了。深度阅读，不仅仅是对文字的浏览，更是思想的碰撞与交融。

每本书都有其独特的主题和意图。在阅读过程中，我们要尝试理解作者的写作背景、时代环境以及个人经历，这些都会深刻影响作者的写作风格和思想表达。

好书如同美酒，越品越有味。在阅读过程中，不要急于求成，而是要静下心来，反复品味书中的精彩论述和核心观点。思考书中人物的生活经历和情感体验有何联系，书中观点对我们的人生观、价值观有何启示和影响。通过深入思考，我们才能更深入地理解书中的内容，并将其内化为自己的思想财富。

当然，在阅读过程中，保持批判性思维也是非常重要的。不要盲目全盘接受书中的观点，而是要结合自己的知识储备和生活经验进行独立分析和判断。只有通过深度阅读，我们才能真正掌握其中的知识，提高思考能力。

**3. 广泛涉猎**

成为阅读高手后，我们可以挑战跨界阅读，这也是拓宽视野、激

## 第五章 通过读书实现价值转化，完成阅读的跃迁

发创新思维的重要途径。从哲学、艺术到心理学、经济学，每个不同领域的书籍都有着不同的视角和思考方式。

阅读的书越多，越能体会到跨领域之间融合的魅力。比如，将文学作品的细腻情感融入科学研究中的人文关怀；将经济学的理性思维应用于日常生活的决策判断等。这种跨界融合能拓宽知识面和视野，还能激发创新思维和创造力。

当我们完成了知识的输入后，下一步就是将所学所感转化为自己的文字和表达了。输出的意义和价值远不止于简单的知识回顾，它实际上是一个知识内化、思维锻炼和创造力提升的过程。具体来说，输出的意义有如下三点：

● 输出有助于知识的内化。将阅读收获以文字形式表达出来，实际上是在对知识进行重新梳理和整合。这个过程不仅加深了对知识的理解，还使得知识更加系统化、条理化，更易于在日后的工作和生活中加以应用。

● 输出是锻炼思维的有效途径。在输出过程中，我们需要对书中的内容进行深入的思考和分析，提取出其中的核心观点和有价值的信息。这种思考和分析的过程，无疑能够锻炼我们的逻辑思维、批判性思维和创造性思维。

● 输出还是创造力提升的重要方式。在输出过程中，我们不仅需要理解书籍的内容，还需要结合自己的理解和感悟，以独特的视角和方式将其表达出来。这种创造性的表达，不仅能够提升我们的文字表达能力，还能够激发我们的创造力和想象力，让我们在知识的海洋中探索出更多的可能性和价值。

以下是四种常见的输出方式：

**1. 读后感：心灵的共鸣**

在阅读一本触动心灵的书籍时，我们往往会经历情感的起伏与波动。读后感，便是这些情感共鸣的载体。它将阅读过程中的情感体验转化为文字，在这个过程中，我们也以文字为媒介传递内心的声音。

读后感也是思想的碰撞与反思。在撰写读后感时，我们会不自觉地将书籍中的观点、情节与自己的生活经历和价值观念相联系，进行深入的思考与剖析。

每个人的读后感都是独一无二的，因为它融合了读者个人的生活经历、情感体验与思想见解。所以读后感这种简单的文字形式，蕴含着读者与作者之间深刻的心灵对话。

**2. 读书笔记：知识的积累**

读书笔记，作为阅读过程中不可或缺的一部分，其重要性不言而喻，这是我最常使用的一种输出方式。它不仅帮助我巩固了书籍中的核心观点与精彩论述，更促进了我对知识的积累与内化。

在撰写读书笔记时，我们需要对书籍内容进行精准提炼，筛选出其中的核心观点与重要信息。这一过程不仅考验了我们的阅读理解能力，也锻炼了我们的信息筛选与整合能力。

另外，读书笔记不同于读后感，它更需要对书籍内容有深入思考与分析。在撰写过程中，我们需要对书中的观点和论述进行批判性思考，提出自己的疑问与见解。这种思考可以帮助我们把书中的知识转化为自己的智慧与认知。

读书笔记的记录方式多种多样，不同的记录方式适用于不同的阅读场景与需求。例如，在阅读专业性较强的书籍时，我们可以采用思维导图的方式梳理书中的知识脉络；在阅读文学作品时，则可以通过文字摘录与感悟相结合的方式记录自己的阅读体验。多样化的记录方式不仅提高了我们的阅读效率与效果，也让我们在记录过程中获得了更多的乐趣与成就感。

**3. 书评**

书评，作为一种高层次的输出方式，不仅是读者对书籍内容的全面分析与评价，更是读者个人阅读素养与鉴赏能力的体现。在撰写书评时，我们需要对书籍的主题、结构和语言等方面进行全面剖析与评价。这要求我们具备扎实的阅读基础与敏锐的洞察力。

书评的撰写过程是一个培养批判性思维的过程。在评价书籍时，我们需要保持客观公正的态度，对书中的观点、论述进行独立思考与判断。我们不仅要看到书籍的优点与长处，更要敢于指出其不足之处与缺陷。

值得一提的是，优秀的书评在一定程度上还具有实现价值转化的潜力。在自媒体时代背景下，许多平台都鼓励写作者撰写书评并分享给更广泛的受众。通过撰写高质量的书评并积累一定的粉丝基础与影响力后，写作者还可以通过广告合作、付费阅读等方式实现个人价值的转化。

**4. 分享读书心得**

在这个信息爆炸的时代，我们往往被海量的信息所包围，却忽略了那份来自内心深处的共鸣。而分享读书心得，正是打破这种孤独与隔阂，让思想的河流汇聚成海，共同驶向更广阔的智慧彼岸的不二之选。

每一次读书心得的分享，都是一次思想的盛宴。读者们带着各自独特的视角和经历汇聚一堂，就书中的某个观点、某个情节展开热烈的讨论。这种讨论，不仅仅是文字上的交锋，更是心灵深处的共鸣。它让大家意识到，尽管每个人的生活轨迹不同，但在某些瞬间，我们的灵魂是相通的，我们的思考是共鸣的。

分享读书心得，也是构建知识社群的重要途径。在这个社群里，大家是彼此关联的知识探索者，彼此间分享阅读体验、收获与困惑，相互启发、相互激励。在这个过程中，大家不仅丰富了自己的知识储备，还结识了一群志同道合的朋友。

分享读书心得也是一种传递正能量的方式。每个人的分享都可能成为他人生命中的一束光，照亮他人前行的道路；每个人的思考都可能成为他人心中的一颗种子，激发他们探索未知、追求真理的勇气。这种正能量的传递会是深远而持久的。

总的来说，将读过的书变成文字，是一种富有挑战和收获的过程。它要求我们在阅读的基础上进行深入的思考和创造性的表达，将知识转化为实际的文字成果。通过不断地输出，我们可以不断提升自己的阅读能力和写作水平，实现个人价值的增值和阅读转化的目标。因此，让我们珍惜每一次阅读的机会，用心去感受文字的魅力，用文字去表达内心的世界吧！

## 第二节　学会输出：读书笔记的三种写作方法

读书笔记，作为阅读过程中不可或缺的输出方式，其深远的意义

第五章 通过读书实现价值转化，完成阅读的跃迁

远远超越了单纯的文字记录。它如同一座桥梁，不仅连接了读者与书籍之间的思想交流，还促进了知识的内化与升华，使我们能够更深刻地洞察书籍的精髓。

这些精心撰写的读书笔记，更像是一座宝库，为我们的写作提供了源源不断的灵感与素材。无论是学术论文和文章撰写，还是日常交流中的引经据典，读书笔记都能成为我们强有力的素材库，让我们的表达更加丰富、准确且具有说服力。

本节，我将深入剖析并分享我常用的三种不同类型的写作读书笔记的方法，旨在帮助广大读者朋友掌握更加高效、实用的阅读输出技巧。

## 一、摘要式读书笔记

摘要式读书笔记的方法有点类似我们在第二章分享的"搜集"金句和观点的方法，只不过后者主要起到积累素材的作用，而前者着重在输出思想的过程，是对这些素材的总结和升华。这种读书笔记旨在先提炼书籍中的核心观点、发人深思的金句或是触动内心的段落，然后结合自己的阅读体验和背景知识，提出对这些信息的观点和感悟。

刚开始写摘要式读书笔记时，需要注意以下三个方面：

**1. 精准记录**：阅读书籍的过程中随时标记出那些最能代表书籍主题的段落、句子乃至短语。这些通常包括理论框架的关键点、创新性的见解、经典案例分析等。

**2. 撰写摘要**：在提取出这些精华之后，思考它们为何重要、如何与自身经验或已有知识产生共鸣或冲突。基于上述思考开始撰写摘要，可以采用"原文核心观点/金句＋个人解读/联系实例"的模式，

既保留书籍的精髓，又展现个人的独特视角，可以加入个人经历或相关联的生活素材。

**3. 深入反思**：对记录下的感想进行深入反思，思考它们对自己的启示和影响。这种输出的过程，不仅锻炼了批判性思维，也提升了归纳总结能力。

这里以《平凡的世界》这本书为例，为大家剖析一下写摘要式读书笔记的流程。

➢ 精准记录：阅读后摘录出了书中的一句金句（见图 5-1）。

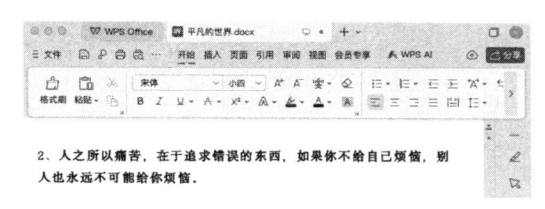

图 5-1　摘录金句

➢ 撰写摘要：被这句话深深触动，联想到了生活中的一些事，于是奋笔疾书，使用"原文金句＋联系实例"的模式，写出了如下感悟（见图 5-2）。

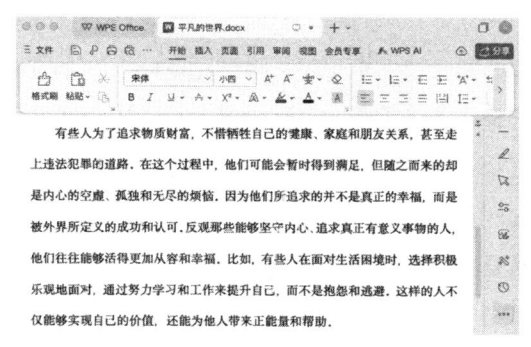

图 5-2　写出感悟

## 第五章 通过读书实现价值转化，完成阅读的跃迁

➤ 深入反思：可以写出思想上得到的启示，让整个内容得到升华（见图 5-3）。

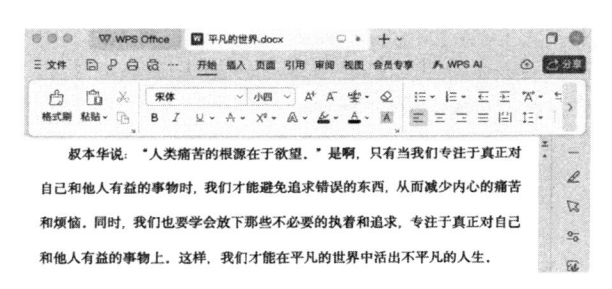

图 5-3 写出思想上的启示

我们按照上文的读书笔记方法，以《平凡的世界》这本书中的金句为主题，可以得到一篇完整的金句摘要式读书笔记。

我们再来看看如何根据书里的一个观点写摘要式读书笔记，原理跟金句一样，以《乌合之众》为例：

➤ 精准记录：通过仔细地阅读，摘录了许多引人注目的观点，以下是其中一点（见图 5-4）。

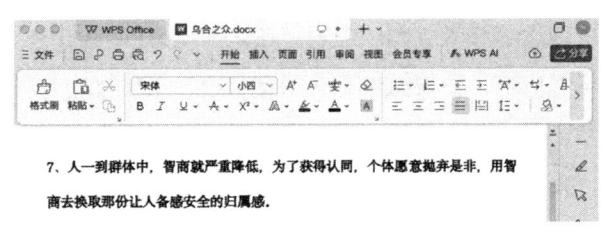

图 5-4 精准记录

➤ 撰写摘要：因为这个观点联想到了个人的一些经历，产生了共鸣（见图 5-5）。

➤ 深入反思：同样地，我对这个观点有了深刻的感悟（见图 5-6）。

轻松阅读：如何高效阅读一本书

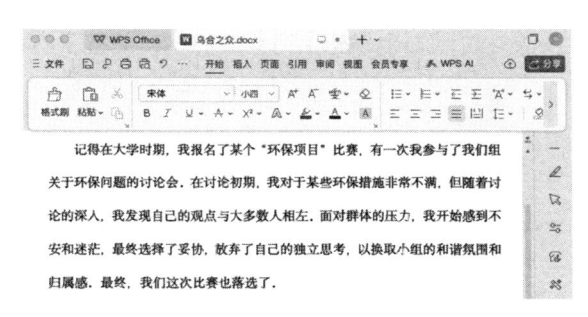

图 5-5　联想个人经历

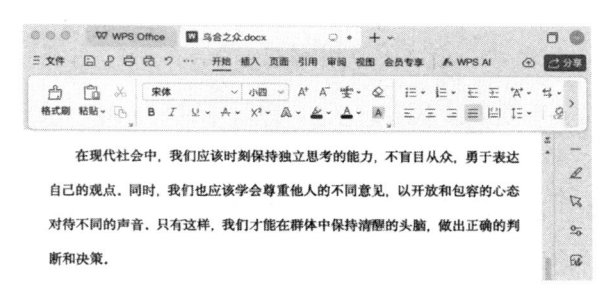

图 5-6　深入反思

总的来说，摘要式读书笔记是一种很有效的输出方式，它能够帮助我们更好地理解和吸收阅读内容。在撰写笔记的过程中，我们融入了个人思考与感悟，使得原本平淡的文字焕发出独特的光彩。它们不仅体现了我们对书籍内容的深入理解，更彰显了我们独特的思考方式和价值观。所以尝试起来吧，记录下每一次阅读的精彩瞬间！

## 二、观点式读书笔记

观点式读书笔记与摘录观点再写下个人感悟不同，是对整本书进行客观、全面的评价和分析，是更有深度的读书笔记。

## 第五章 通过读书实现价值转化，完成阅读的跃迁

观点式读书笔记的撰写过程，类似于我们学生时代学习过的观点文写作方法："总分总"的结构。首先，我们需要提炼出书籍的核心观点或主题，作为整篇读书笔记的总论点。这需要我们对书籍的内容有深入的理解和把握，能够准确地概括出书籍的主旨。

然后，我们需要围绕这个总论点，提出若干个分论点，从不同的角度对书籍进行剖析和评价。这些分论点可以是书籍中的某个重要观点、某个关键事件、某个人物形象等，它们都是支撑总论点的重要论据，分论点一般层层递进。在阐述分论点时，我们需要结合书籍的具体内容，用客观、理性的语言进行分析和论证，避免主观臆断和情绪化表达。

最后，我们需要对整个读书笔记进行总结，概括出书籍的主要观点和我们的评价。这个总结需要简洁明了，能够清晰地表达出我们对书籍的整体认识和评价。

我曾经在公众号上发表过一篇文章，内容是对《取悦症》这本书的深刻感悟和理解，采用的就是观点式读书笔记的方式。

以下是这篇原文：

> **这世界上最应该取悦的人，是自己**
>
> 最近新出了一部评分高达9.4分的日剧《凪的新生活》，内容过于真实和扎心。
>
> 凪每天都在迎合老板和同事，营造"其乐融融"的氛围。
>
> 件接受同事的各种"请求"，感受他们对自己的称赞。
>
> 回到家也没有放松，即使再不情愿，也尽量满足男友的各种需求。

然而她这样全心全意地付出,却没有得到相应的回报。

好心替同事加班,却被别人嘲笑说是"专用的外包工人"。

为男友做各种改变,却被他贴上"cheap girl"的标签。

很多网友看得泪流满面,仿佛看到了自己,处处讨好别人,却活得小心翼翼。

美国临床心理医生哈丽雅特·布莱克,把这些讨好别人的行为称为取悦"症"。

她认为取悦就像拖延一样,会给人的身心和生活带来负面影响。

取悦者总会隐藏真实的内心,一味地顺从别人,自我压抑久了不仅会产生挫败感,甚至会被别人轻视。

作家简·奥斯汀在作品里也曾描述过别人对"老好人"的看法:

"她不过是个好脾气、热心肠的年轻女人;我们很难讨厌她,因为我们根本没把她放在眼里。"

通过25年的临床研究,哈丽雅特发现生活中老好人竟如此普遍,于是她写下了这本《取悦症》,并帮助了很多人治好了这个"病"。

患上取悦症的人,如果能学会说"不",了解症状并做出改变,生活将会轻松快乐许多。

1

取悦了别人,迷失了自己

哈丽雅特揭开了"老好人"的伤疤:其实深陷取悦症的人,大都过得不快乐。

## 第五章 通过读书实现价值转化，完成阅读的跃迁

书中有这样一个故事，萨拉是一位家庭主妇，凡事都亲力亲为。

她把家里收拾得干净舒适，添置各种生活用品，让丈夫和孩子不需要为琐事担忧。

家人习惯了她的"服侍"，早就把她的任劳任怨看成理所当然。

有一次她生病住院，无法再做家务，也不能接送孩子上下学。

她本以为家人会悉心照顾她，没想到他们不仅埋怨家里变得乱糟糟的，还对她住院产生的麻烦表现出恼怒。

萨拉感到心酸，想不到多年的付出，没有换来家人的平等对待，反而是自私和冷漠。

作者指出，像萨拉这样的人患上了"认知型"取悦症，他们有"先人后己"的思维观念：

不愿意拒绝别人，反而是以满足他人需求为先。

因为他们认为："如果我对别人好，那么别人也必然会喜欢我，对我好。"

只不过他们忽略了"应该"和"必须"，别人是否会感恩和回报，根本无法得知。

带着目的性地付出，结果总会更令人失望。

琳达从小就是"乖乖女"，达到了父母的要求，她就会得到赞许和夸奖，反之就会换来父母的失望和批评。

一直以来为了得到父母的喜爱和关注，琳达总是努力地满足父母的各种期待。

进入职场后，琳达也尽力完成上司分配的任务，同事请她帮的"忙"，她也尽力完成，甚至有时主动承担其他的活儿。

她也满足于上司和同事们对她的认可，能感觉自己是个有价值的人。

因此琳达总是加班，似乎总有做不完的事，有时候效率太低也免不了被上司责骂。

她谨慎处理和男友的关系，会因为男友一句提议，就立刻做出改变。

这类人没有意识到，经过长年累月的积累，他们已经变得下意识地去取悦别人。

哈丽雅特认为，对讨好别人"上瘾"的人，是患上了"习惯型"取悦症。

他们会担心自己不受欢迎，不被需要，而不得不强迫自己去反复讨好别人，以此获得认可和尊重。

当取悦者一味地付出，被讨好的人也会逐渐认为一切都理所当然，变本加厉地索取。

取悦本身就是一种顺从行为，会在不知不觉中降低了取悦者的自我价值感，也会被别人认为是一种懦弱。

取悦者应该撕掉"老好人"的标签，学会对自己的人生负责。

## 2
### 学会说"不"，没那么难

付出不一定有回报，取悦也未必能得到尊重。

无法满足别人的需求，不仅是碍于情面，也担心这个人会不

## 第五章 通过读书实现价值转化，完成阅读的跃迁

会对自己有意见。

日本作家太宰治在小说《人间失格》中描述了这种害怕拒绝的心理：

"我的不幸，恰恰在于我缺乏拒绝的能力，我害怕一旦拒绝别人，便会在彼此心里留下永远无法愈合的裂痕。"

然而实际上靠取悦建立的任何关系，都经不起考验。

学会说一次"不"，坚持自己的立场，试着去掌控生活，或许会发生不一样的改变。

作者哈丽雅特说："拒绝别人最好的办法，就是在'知道'和'做到'这件事之间，设立一座桥梁，循序渐进地学会拒绝。"

设立桥梁最好的方法就是：拖延时间。

当朋友又一次打电话来请求帮助，他也许默认你会毫不犹豫地答应。

但这一次你可以直接以急事为由，跟对方说："我过会儿给你打过去行吗？"

如果是面对面的请求，可以借故离开现场，比如突然接到电话，或者想去卫生间。

遇到请求不要马上回复，让自己掌握主动权，同时给自己一次认真思考的机会。

如果决定提出这种方案，可以说："很遗憾，我不能一整天都帮你，只有上午可以。如果那样不行，恐怕就没有办法了。"

这种回复既表达了拒绝，也给了对方选择的空间，也不会让处境变尴尬。

如果决定彻底拒绝，就要坚决地顶住压力，善用"三明治技巧"：把拒绝的信息夹在两层肯定或恭维的话中间。

你可以这样回复："你能请我帮忙我非常荣幸，但是这次没办法帮你（时间上有冲突或其他理由），非常感谢你能想到我，这对我很重要。"

这种拒绝方式能给彼此一定的缓冲空间，并且也不会让对方觉得没面子。

同时也会给到一种暗示：请"老好人"帮忙没有那么容易了。

今后或许别人不再认为你的付出是一种理所当然，而是需要协商和考究。

爱默生有一句名言：你的善良必须带点锋芒。

当学会了拒绝，不仅会让人感到轻松，也能更好地管理时间、规划生活。

其实生活中最受欢迎的，往往是那些有原则、懂得坚持自我的人，而不是委屈自己的取悦者。

## 3
### 你需要的，是取悦自己

其实把别人的需求放在第一位，以此换来平等的对待和认可，也是一种不自信的表现。

作为一个经验丰富的老好人，尽管你一直努力让每个人高兴，但是你很少会对自己感到满意。

因为你太在意别人对你的看法，别人的态度和情绪直接影响到你的心情，你的人生正在被他人左右。

## 第五章 通过读书实现价值转化，完成阅读的跃迁

很多人会感到困惑和痛苦：

"我已经为别人做了一切，但是没有人给我回报。"

"我对朋友真心相待，然而他们却只是在利用我。"

"我对每个人都那么好，可他们把那看成是天经地义的。"

除了学会说"不"，你最应该需要做的，是取悦自己。

取悦自己最好的办法就是，减少压力和享受生活。

● 减少压力：写任务清单

作为老好人，总是会包揽一堆工作，无论这些活儿到底该不该自己做。

最悲哀的事，就是自己已经精疲力竭，而周围的人却毫不领情。

先列一个任务清单，把所有现有的工作全部记下来，然后问自己三个问题：

1. 这项任务是我的吗？
2. 我很喜欢做这项任务吗？
3. 如果亲自做这项任务，我会感到更有价值吗？

如果清单上有任意一份工作既不属于你，你也不喜欢做，同时做了也不会觉得有价值，那就意味着该把这份工作派出去了。

前面提到的萨拉进行了反思，做了任务清单后，她发现其实很多工作她并不需要承担。

她开始不再包办家务，而是让家里每个人都履行自己的责任。当家人切身体会到她的辛苦后，反而学会关心和体贴她了。

减轻自己的负担，让自己从忙碌中解脱出来，将会过得更从容。

●享受生活：写娱乐清单

作为老好人，你可能早就习惯了照顾别人，但其实最应该照顾的是自己。

如果你不关注自己的需求，那么别人更不会回应你的呐喊。

生活中有太多美好的事物和值得去享受的活动：比如吃一顿美食、做一次SPA、安排一场短途旅行。

哈丽雅特提出了一项挑战：把能让自己感受到放松和愉悦的活动写下来，然后每个星期天挑一两项来完成。

甚至可以选择简单的娱乐小项目，比如看一场电影，做一次冥想，或者阅读一本心爱的书。

不要思考有没有时间去做，或是做这些事会不会有负罪感。

时间挤一挤总是会有的，当成必要任务去做，一定能完成。

一点点地取悦自己，获得幸福感，会让人逐渐意识到，自己的需求才是最重要的。

对自己的关注越来越多，自我价值感就会越来越高，就不再受到别人评价的影响。

多满足自己的需求，会让自己充满自信，才有能力真正地帮助到别人。

当你无须在意别人是否认可和喜欢你，只要你肯定自己，就会发现全世界都会接纳你。

把投注在别人身上的期待和注意力放在自己身上，生命才会更有意义。

身心灵大师罗伊马丁说："只有在我们不需要外来的赞许时，

第五章 通过读书实现价值转化，完成阅读的跃迁

> 才会变得自由。"
> 亲爱的，这个世界上你最应该取悦的人，是自己。

现在，我带大家来拆解一下当初写这篇读书笔记的结构：

> ●主题：
> 患上取悦症的人，如果能学会说"不"，了解"症状"并做出改变，生活将会轻松快乐许多。
> ●分论点一：取悦了别人，迷失了自己
> 　　　　论据：《取悦症》这本书里家庭主妇萨拉的故事
> 　　　　琳达的故事
> ●分论点二：学会说"不"，没那么难
> 　　　　论据：生活中的场景举例
> ●分论点三：你需要的，是取悦自己
> 　　　　论据：整理了书中作者分享的方法以及案例故事
> ●结论：把投注在别人身上的期待和注意力放在自己身上，生命才会更有意义。

这篇笔记不仅总结了书里的核心观点和案例，还从我个人的视角对这本书有了全新的解读，真正把别人分享的知识"纳为己有"，并合理地运用。

当然，除了科普知识类书籍，阅读文学类书籍同样可以借鉴"总分总"的模式撰写读书笔记。我在小红书上发布过多篇深度解读文学作

品的笔记（见图 5-7），这里以《飘》这本文学大部头的读书笔记为例：

图 5-7　发布读书笔记

- 主题：女人一生的爱情和婚姻逃不过这三种真相
- 分论点一：执着的爱，源于内心的不甘
  论据：斯嘉丽对初恋阿什利爱而不得的故事
- 分论点二：三观不合的婚姻，注定悲剧
  论据：斯嘉丽和弗兰克婚后的故事
- 分论点三：最好的婚姻，往往势均力敌
  论据：斯嘉丽和雷特的感情经历
- 结论：透过斯嘉丽的前半生看到了全然不同的情感模式，这不仅是一部女性成长小说，更是一部写透爱情和婚姻的情感手册。

《飘》这本书不仅涉及女主角斯嘉丽的情感经历，还涉及当时历史背景下的人情世故、女性独立自主的艰难和女性之间的高尚友情等，针对不同角度的主题都可以写出不同的读书笔记。

总结一下，观点式读书笔记，不仅是一种对书籍内容的回顾和总结，更是一种对作者思想深度与广度的挖掘与领悟。在阅读时，我们不仅要对书籍中的每一个观点、每一个论据都进行细致地梳理和剖析，更要对其背后的逻辑和依据进行深入思考。这样的过程，不仅锻炼了我们的思维能力，也提高了我们的文学鉴赏能力和写作能力，更让我们对书籍的理解达到了一个新的高度。

## 三、图文式读书笔记

图文式读书笔记是把文字可视化，通过图形和表格等形式将知识呈现出来。下面，我为大家介绍三种有效的图文式读书笔记的写作方法。

### 1. 思维导图——整理知识

思维导图是一种非常有效的可视化工具，它基于认知心理学中的"联想记忆"原理，通过图形、线条和关键词的组合，刺激大脑的不同区域，增强记忆效果，帮助我们梳理和整合碎片化知识。

目前思维导图在日常生活中已经被普遍运用，现在有很多专门的思维导图软件，如 XMind、MindNode 等，当然也可以用笔和纸进行手绘，网络上也可以搜索到各种各样不同类型的思维导图模板，比如树状图、鱼骨图等。

这里，主要介绍四种简单实用的主题式思维导图的绘制方法。

轻松阅读：如何高效阅读一本书

● 书本框架为主题

大部分的社科书籍目录都很清晰，结构内容一目了然，这类书籍就适合以书本框架为主题绘制思维导图，帮助我们整理每一章节的知识点。

比如《乌合之众》这本书，参考目录我们可以绘制出如下思维导图（见图 5-8）。

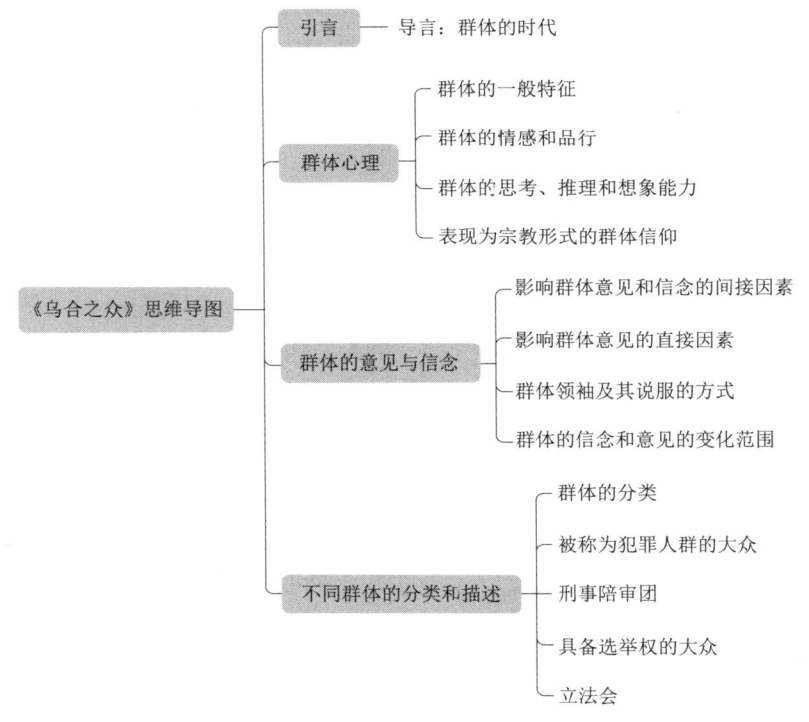

```
《乌合之众》思维导图
├── 引言 ── 导言：群体的时代
├── 群体心理
│   ├── 群体的一般特征
│   ├── 群体的情感和品行
│   ├── 群体的思考、推理和想象能力
│   └── 表现为宗教形式的群体信仰
├── 群体的意见与信念
│   ├── 影响群体意见和信念的间接因素
│   ├── 影响群体意见的直接因素
│   ├── 群体领袖及其说服的方式
│   └── 群体的信念和意见的变化范围
└── 不同群体的分类和描述
    ├── 群体的分类
    ├── 被称为犯罪人群的大众
    ├── 刑事陪审团
    ├── 具备选举权的大众
    └── 立法会
```

图 5-8　绘制思维导图

然后，可以一边阅读该书籍一边把我们认为重要的知识点补充到相应的章节中，慢慢扩充思维导图。读完整本书后，核心知识点也都囊括进了这份思维导图中。

## 第五章　通过读书实现价值转化，完成阅读的跃迁

● **观点为主题**

对于信息量大的书籍还可以观点为主题绘制思维导图，以协助我们巩固和记忆知识点。在阅读过程中碰到新鲜犀利的观点时，就可以先整理出来，成为思维导图的主要分支。这里还是以《乌合之众》这本书为例，在阅读的过程中我分别以"群体心理"、"群体与个体"、"群体情感与道德"、"权力与领导"、"社会影响"和"文化与文明"为主要分支，并根据自己对内容的理解，将相关内容的详细阐述补充到相应观点之后成为次分支。后续，我们还可以调整完善其余分支，以丰富思维导图（见图 5-9）。

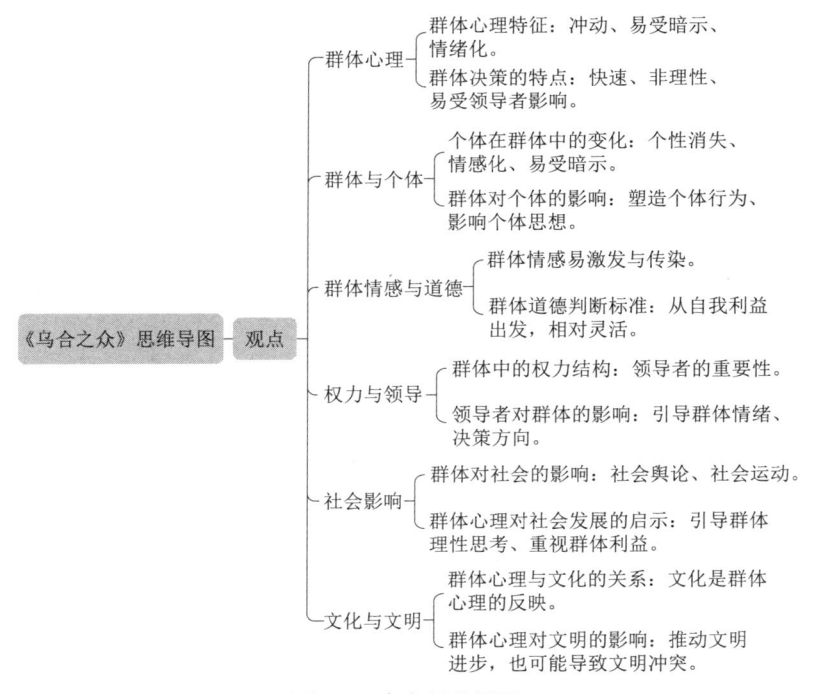

```
《乌合之众》思维导图 — 观点
                    ├─ 群体心理
                    │    ├─ 群体心理特征：冲动、易受暗示、情绪化。
                    │    └─ 群体决策的特点：快速、非理性、易受领导者影响。
                    ├─ 群体与个体
                    │    ├─ 个体在群体中的变化：个性消失、情感化、易受暗示。
                    │    └─ 群体对个体的影响：塑造个体行为、影响个体思想。
                    ├─ 群体情感与道德
                    │    ├─ 群体情感易激发与传染。
                    │    └─ 群体道德判断标准：从自我利益出发，相对灵活。
                    ├─ 权力与领导
                    │    ├─ 群体中的权力结构：领导者的重要性。
                    │    └─ 领导者对群体的影响：引导群体情绪、决策方向。
                    ├─ 社会影响
                    │    ├─ 群体对社会的影响：社会舆论、社会运动。
                    │    └─ 群体心理对社会发展的启示：引导群体理性思考、重视群体利益。
                    └─ 文化与文明
                         ├─ 群体心理与文化的关系：文化是群体心理的反映。
                         └─ 群体心理对文明的影响：推动文明进步，也可能导致文明冲突。
```

图 5-9　丰富思维导图

● 人物为主题

在阅读大部头文学作品时，我都会一边读一边做思维导图，尤其针对人物众多、故事线复杂的作品，通过思维导图可以理清人物关系和剧情背景。

这里以《百年孤独》这本书为例，这是一部魔幻现实主义文学作品，讲述了布恩迪亚家族七代人的传奇故事。它融入神话传说、民间故事和宗教典故等元素，让人更深度地了解了拉丁美洲的历史传奇故事。该作品是好作品，但是最长达 11 个字的人名再加上错综复杂的人物关系，让很多读者知难而退。

所以阅读这本书时，我们可以借助思维导图工具或者手绘思维导图，把人物以及身份标注出来（见图 5-10）。最常见的方法就是按照书本中人物的出场顺序分别对人物的性别、身份、年代等作出相应的标记，之后再慢慢根据书里的剧情补充人物之间的命运纠葛，实际上这个梳理的过程为阅读增添了不少趣味性。

● 时间为主题

以时间为主题的思维导图主要针对于历史书籍和一些知识点连贯的科普书籍，比如《明朝那些事儿》等。这类书一般循序渐进地展开内容，很多读者读到后面可能会忘记前面的内容。这时，我们就可以按照时间顺序和逻辑关系绘制思维导图，梳理历史事件的来龙去脉，并理清作者的思路。

《明朝那些事儿》这套书以史料为基础，以年代和具体人物为主线，叙述了从明朝建立到灭亡的整个历史时期，其中涉及了数任皇帝。以这套书第一部中的朱元璋皇帝为例，我们可以绘制如下思维导图（见图 5-11）。

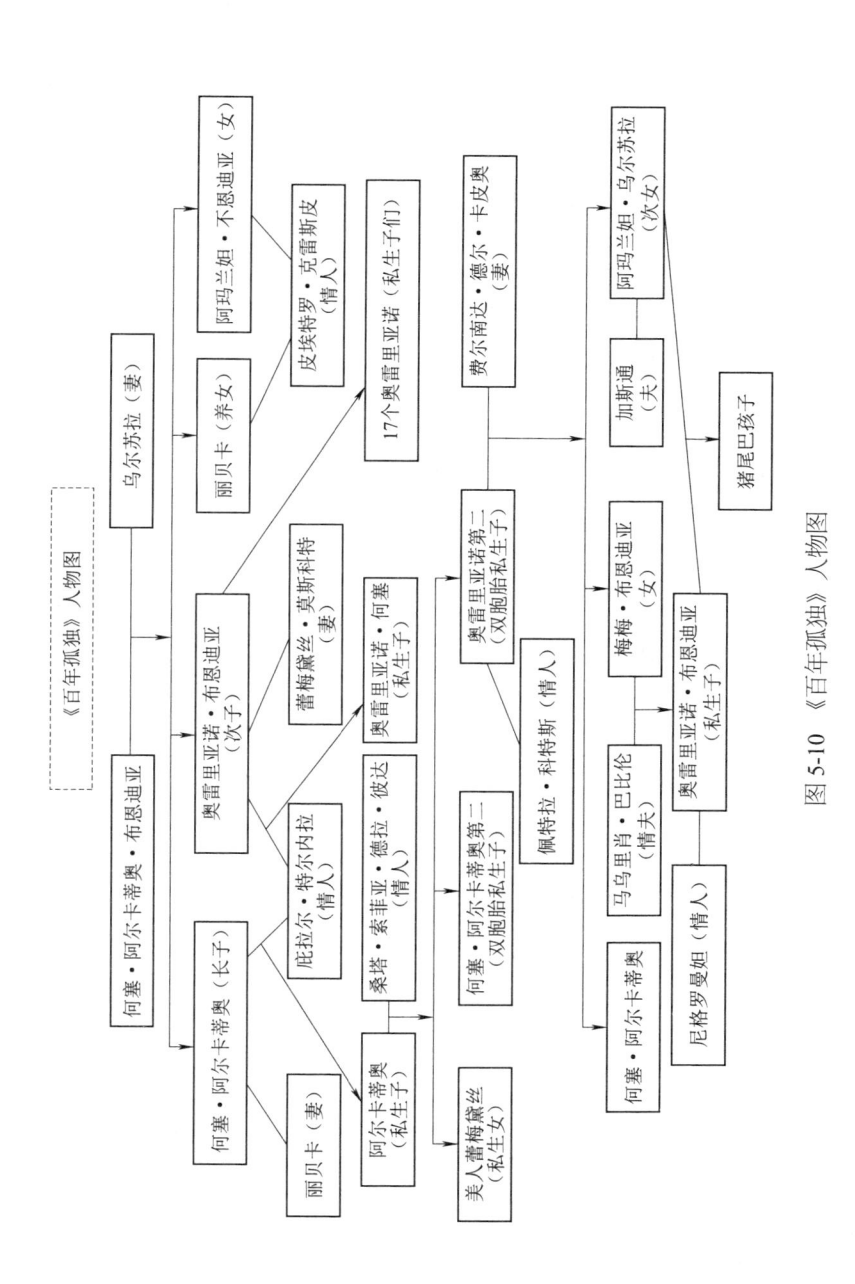

# 第五章 通过读书实现价值转化，完成阅读的跃迁

图 5-10 《百年孤独》人物图

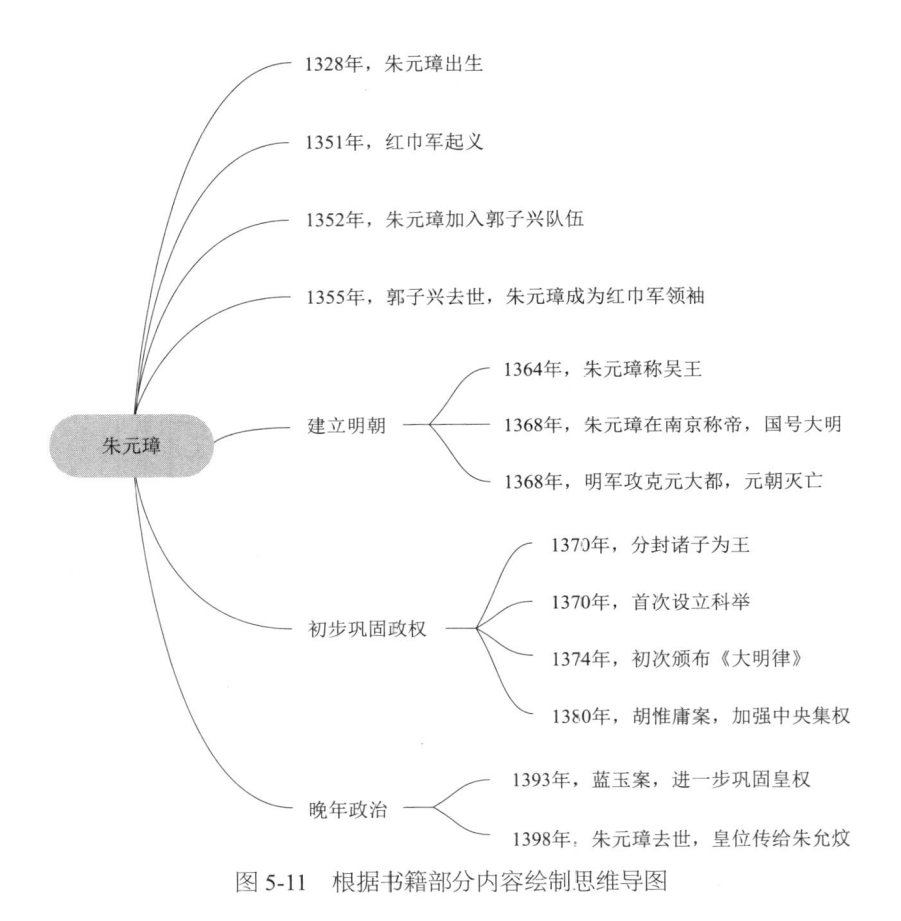

```
                    ┌── 1328年，朱元璋出生
                    │
                    ├── 1351年，红巾军起义
                    │
                    ├── 1352年，朱元璋加入郭子兴队伍
                    │
                    ├── 1355年，郭子兴去世，朱元璋成为红巾军领袖
                    │
                    │              ┌── 1364年，朱元璋称吴王
                    ├── 建立明朝 ──┼── 1368年，朱元璋在南京称帝，国号大明
朱元璋 ─────────────┤              └── 1368年，明军攻克元大都，元朝灭亡
                    │
                    │                  ┌── 1370年，分封诸子为王
                    │                  │
                    │                  ├── 1370年，首次设立科举
                    ├── 初步巩固政权 ──┤
                    │                  ├── 1374年，初次颁布《大明律》
                    │                  │
                    │                  └── 1380年，胡惟庸案，加强中央集权
                    │
                    │              ┌── 1393年，蓝玉案，进一步巩固皇权
                    └── 晚年政治 ──┤
                                   └── 1398年，朱元璋去世，皇位传给朱允炆
```

图 5-11　根据书籍部分内容绘制思维导图

思维导图是通过层级和分支的方式，将书籍的内容、结构和逻辑关系清晰地展现出来，便于读者把握整体框架。每个人可以根据自己的阅读习惯和理解方式，绘制个性化的思维导图，使图文笔记更具个人特色。

**2. "九宫格笔记"——理解知识**

使书本知识可视化的另一个方法是使用九宫格的布局来整理和记

## 第五章 通过读书实现价值转化，完成阅读的跃迁

录阅读过程中的关键信息。工作中很多场景我们可能都会用到九宫格这个工具，同时九宫格也有不同的呈现方式。这里我会重点分享作家彭小六老师针对有效阅读一本书推出的"九宫格笔记法"。

我们先来看一张"九宫格阅读笔记"图（见图5-12），这张图可以在A4纸或者笔记上直接绘制。

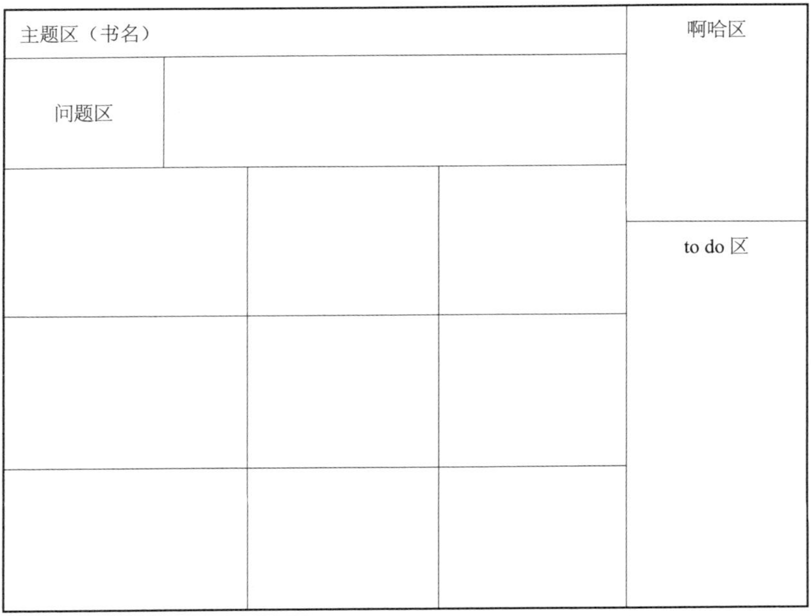

| 主题区（书名） | | | 啊哈区 |
| --- | --- | --- | --- |
| 问题区 | | | |
| | | | to do 区 |
| | | | |
| | | | |

图5-12　九宫格阅读笔记

九宫格笔记的布局由五个部分构成：

- 主题区：在表格的左上方，就是你正在阅读的图书的书名。
- 问题区：在阅读之前，根据书名、腰封、目录等信息，提出3~5个与书籍内容相关的问题，写进这个区域。
- 概念区：在阅读过程中，针对提出的问题，把读到的相关概念

或知识点填入九宫格，作为笔记的核心部分。

● 啊哈区：在笔记的右上方，也就是积累素材的区域。当读到一些令人惊喜、意外的内容时，可以将它们记录到这个区。这些内容可以作为日后写作或讨论的素材。

● to do 区：在笔记的右下方，作为思考和计划的区域，也被称为待办区。这个区域里填写的待办事项可以是基于书籍内容的行动建议、个人反思或进一步的阅读计划。

阅读任何书籍都可以使用九宫格笔记，现在我们就一起来实践一下，使用九宫格笔记法来阅读余华老师的经典作品《活着》吧！

● 主题区的内容

在九宫格的"主题区"填写上书名《活着》。

● 问题区的内容

阅读前可以根据前言或者对这本书的印象提出一些想要了解的问题。

● 概念区的内容

在阅读过程中，我们可以根据以上问题提炼相关概念，并将其依次填入九宫格中。当然每个读者都可以有个性化的概念思路，除了以人物事件为主要概念，还可以以福贵的心路变化过程来总结概念。不同的人对文学书的理解会更加广泛。

● 啊哈区的内容

假如在阅读过程中，我们标注了三句颇有感触的金句，就可以把它们填进啊哈区。

● to do 区的内容：

全书都阅读完后，我们对这本文学小说产生了很多感悟，并且有

## 第五章 通过读书实现价值转化,完成阅读的跃迁

了一些打算做的事,就可以依次填入到 to do 区。

当以上过程完成后,就可以得到如下(见图 5-13)的"九宫格笔记"。

九宫格笔记将书籍内容划分为九个部分,每个部分都简洁明了地概括了书籍的某个方面,便于读者快速掌握书籍的核心内容。同时带着问题有目标地阅读,然后再边思考边输出的方式,也能帮助我们更有效轻松地记住核心知识。

| 主题区(书名)《活着》 ||||啊哈区<br>没有什么比时间更具说服力了,因为时间无须通知我们就可以改变一切。<br>最初我们来到这个世界,是因为不得不来;最终我们离开这个世界,是因为不得不走。<br>活着是自己去感受活着的幸福和辛苦,无聊和平庸;幸存,不过是旁人的评价罢了。|
|---|---|---|---|---|
| 问题区 | ①有哪些关键人物影响了福贵的命运?<br>②有哪些重大事件改变了福贵的命运?<br>③福贵最终如何保持"活着"的信念? ||||
| ①家道中落:<br>福贵因赌博输掉家产,家道中落,悲剧命运开始。 | ②父亲离世:<br>无力还债,父亲忧愁离世,福贵深感责任重大。 | ③从军参战:<br>为逃债参战,见证战争残酷,心灵受创。 || to do 区<br>写读后感:整理阅读感受,分享给朋友或发布在社交媒体上。<br>反思自我:反思自己的生活态度和价值观,思考如何更好地面对生活中的挑战和困难。 |
| ④重逢家人:<br>战后重逢家人,重建家园,重拾希望。 | ⑤妻子离世:<br>家珍病逝,福贵再受打击,失去支柱。 | ⑥有庆之死:<br>儿子有庆意外去世,福贵悲痛欲绝。 |||
| ⑦凤霞出嫁:<br>凤霞嫁二喜,家庭短暂重拾喜悦。 | ⑧接连丧亲:<br>凤霞、苦根、二喜相继离世,福贵崩溃。 | ⑨与老牛相伴:<br>与老牛相依为命,反思人生,领悟生命真谛。 |||

图 5-13 更新笔记

### 3. "康奈尔笔记"——记忆知识

另一种有效把知识可视化的方法就是风靡世界的科学笔记法——康奈尔笔记法。康奈尔笔记法由康奈尔大学教授沃尔特·鲍克发明，该方法强调将笔记页面划分为不同的区域，分别用于记录、思考和总结，有助于我们对知识的深入理解和记忆。这种方法也很适用于阅读场景。

康奈尔笔记划分为笔记栏、线索栏、总结栏这三个不同的区域，这三个区域对应不同的内容（见图 5-14）。

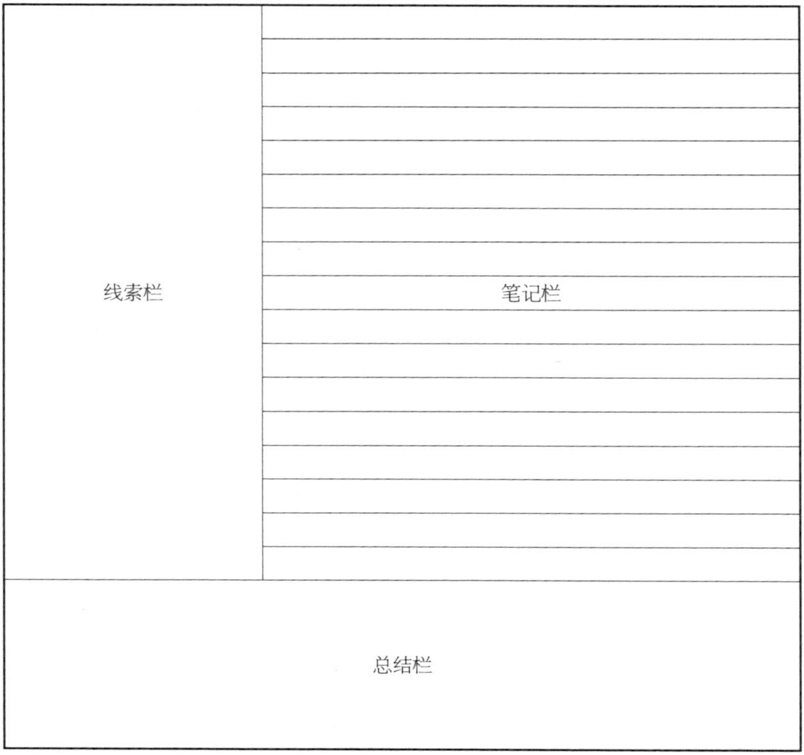

图 5-14 康奈尔笔记（1）

笔记栏：主要是记录（record），应包括书中的主要观点和精华内容，最好将遇到的每个要点都记下来。通过笔记这种方式强化主动学习。

线索栏：包括简化（reduce）和背诵（recite）。简化就是在完成一章节或一部分内容的阅读后，从笔记部分提炼出关键思想和精彩内容。然后将精炼后的要点记录在左侧的线索栏中，以关键词、简短标题、概念等方式写入。复述时用手掌或一张纸盖住右侧的主栏笔记部分，只根据左侧线索栏中的摘记提示，尽量用自己的语言回忆并复述主栏中的内容。

总结栏：主要是思考（reflect）和复习（review）。在完成复述后，将自己的感想、意见和经验体会等内容与书中的内容相结合，形成自己的理解和见解，然后写在总结栏，并加上标题和索引，以便日后查阅。后续每周花一定的时间（如 10 分钟）来快速复习你的康奈尔笔记。

所以，康奈尔笔记法又叫 5R 笔记法（见图 5-15）。

| 康奈尔笔记 ||
|---|---|
| 线索栏 | 笔记栏 |
| 2. 简化（reduce）<br>3. 背诵（recite） | 1. 笔记（record） |
| 总结栏 ||
| 4. 思考（reflect）<br>5. 复习（review） ||

图 5-15　康奈尔笔记（2）

### 轻松阅读：如何高效阅读一本书

阅读一本书前，可以先准备一个笔记本，将每页纸分为三部分：右上最大的空间（约占 2/3）用于做笔记，左边四分之一的空间用于写线索，下方五分之一的空间用于写总结。当然，如果你不想这么麻烦，可以在网上下载"康奈尔笔记"模板或直接购买康奈尔笔记本。

还是以上文中的《活着》这本书为例，如果用康奈尔笔记记录的话，应该怎么记呢？这里给大家一个示范。大家可以根据实际情况来适当调整内容。

笔记栏内容示例：

一、主要人物及其命运轨迹

福贵：起初是地主家的少爷，因赌博输掉全部家产，沦为贫农。经历家庭巨变，亲眼看见亲人一个个离世，最终与一头老牛相依为命。他的性格从放荡不羁到坚韧不拔，展现了生命的顽强。

家珍：福贵的妻子，温柔贤淑，对福贵不离不弃。即使在最艰难的日子里，也始终保持着对生活的希望和对家庭的责任感。她的病逝是福贵生命中的重大打击。

有庆：福贵的儿子，聪明懂事，却因献血给县长夫人而死，成为书中最令人痛心的悲剧之一。

凤霞：福贵的女儿，因高烧导致聋哑，但性格坚强。后来嫁给二喜后，生活稍有改善，却在生产时大出血去世，留下苦根。

二喜：凤霞的丈夫，对凤霞和苦根关爱有加。在一次意外中丧生，留下年幼的苦根。

苦根：福贵的外孙，父母双亡后由福贵抚养。因饥饿过度，吃豆子时撑死，成为福贵晚年最大的遗憾。

## 第五章 通过读书实现价值转化，完成阅读的跃迁

二、关键事件与情节发展

家道中落：福贵因赌博输掉全部家产，父亲因此气死，家庭陷入困境。

战争经历：福贵被抓去当兵，经历了战争的残酷，见证了生命的脆弱与无常。

亲人相继离世：家珍、有庆、凤霞、二喜、苦根等亲人先后离世，每一次都给福贵带来巨大的打击。

晚年生活：福贵与一头老牛相伴，回忆过去，反思人生，展现出一种超然物外的平和与淡然。

三、主题思想与情感表达

生命的坚韧与不屈：即使面对无尽的苦难和打击，福贵依然选择活下去，展现了生命的顽强与坚韧。

家庭与亲情的温暖与力量：在苦难中，家人之间的相互扶持与关爱成为福贵坚持下去的动力源泉。

对生命的深刻反思：通过福贵的一生，作者表达了对生命、苦难、家庭、希望等主题的深刻思考。

线索栏内容示例：

人物：福贵（命运多舛）、家珍（忠诚坚韧）、有庆等（悲剧命运）

事件：家道中落、战争洗礼、亲人离世、晚年孤独

思想：生命坚韧、家庭力量、生活真谛

轻松阅读：如何高效阅读一本书

接下来，我会遮住右侧的笔记栏，仅依靠左侧线索栏中的关键词和提示进行复述。通过回忆和复述，我尽量用自己的语言还原书中的主要情节、人物命运以及主题思想。例如：

> 在《活着》中，福贵的一生充满了悲剧与苦难。他因赌博输掉家产，导致家庭衰败，从一个富家少爷沦为贫农，父亲被气死。随后，他经历了战争的洗礼，见证了生命的脆弱与无常。回到家乡后，他面对的是亲人一个接一个地离世：聪明懂事的有庆因献血而死，女儿凤霞在生产时大出血去世，女婿二喜也在意外中丧生，最后连外孙苦根也因饥饿过度而撑死。这一系列的打击几乎让福贵失去了生活的希望，但他依然选择活下去，与一头老牛相伴度过晚年。这本书让我深刻体会到了生命的坚韧与不屈，以及家庭在苦难中的力量与温暖。活着本身即最大的意义，无须过多追求外在的名利。

底部栏（总结区）内容示例：

> 《活着》深刻触动了我，它不仅是福贵个人命运的记录，更是对生命、家庭与希望的深刻探讨。书中展现了生命在无尽苦难中的坚韧，以及家庭在逆境中的温暖力量。它让我反思，真正的幸福源自内心的平和与对生命的尊重，而非物质的堆砌。面对生活的挑战，我们应以坚韧不拔的意志去应对，并珍惜身边的一切。未来，我将带着这份感悟前行，更加珍惜家人与朋友，勇敢面对生活中的风雨。同时，我也愿将书中传递的积极价值观分享给更多人，共同感受生命的美好与意义。

## 第五章 通过读书实现价值转化，完成阅读的跃迁

总结完成后，我会给自己设定一个复习计划，每周花 10 分钟快速浏览这份康奈尔笔记（见图 5-16），特别是总结栏中的个人感悟和思考，这有助于巩固记忆，方便日后需要时能够迅速回忆起书中的精髓和自己的理解。

| 人物：<br>福贵（命运多舛）<br>家珍（忠诚坚韧）<br>有庆等（悲剧命运）<br><br>事件：<br>家道中落、<br>战争洗礼、<br>亲人离世、<br>晚年孤独<br><br>思想：<br>生命坚韧、<br>家庭力量、<br>生活真谛 | 一、主要人物及其命运轨迹<br>福贵：起初是地主家的少爷，因赌博输掉全部家产，沦为贫农。经历家庭巨变，目睹亲人一个个离世，最终与一头老牛相依为命。他的性格从放荡不羁到坚韧不拔，展现了生命的顽强。<br>家珍：福贵的妻子，温柔贤淑，对福贵不离不弃。即使在最艰难的日子里，也始冲突保持着对生活的希望和对家庭的责任感。她的病逝是福贵生命中的重大打击。<br>有庆：福贵的儿子，聪明懂事，却因献血给县长夫人而死，成为书中最令人痛心的悲剧。<br>凤霞：福贵的女儿，因高烧导致聋哑，但性格坚强。后来嫁给二喜，生活稍有改善，却在生产时大出血去世，留下苦根。<br>二喜：凤霞的丈夫，对凤霞和苦根关爱有加。在一次意外中丧生，留下年幼的苦根。<br>苦根：福贵的外孙，父母双亡后由福贵抚养。因饥饿过度，吃豆子时撑死，成为福贵晚年最大的遗憾。<br>二、关键事件与情节发展<br>家道中落：福贵因赌博输掉全部家产，父亲因此气死，家庭陷入困境。<br>战争经历：福贵被抓去当兵，经历了战争的残酷，见证了生命的脆弱与无常。<br>亲人相继离世：家珍、有庆、凤霞、二喜、苦根等亲人先生离世，每一次都给福贵带来巨大的打击。<br>晚年生活：福贵与一头老牛相伴，回忆过去，反思人生，展现出一种超然物外的平和与淡然。<br>三、主题思想与情感表达<br>生命的坚韧与不屈：即使面对无尽的苦难和打击，福贵依然选择活下去，展现了生命的顽强与坚韧。<br>家庭与亲情的温暖和力量：在苦难中，家人之间的相互扶持与关爱成为福贵坚持下去的动力源泉。<br>对生命的深刻反思：通过福贵的一生，作者表达了对生命、苦难、家庭、希望等主题的深刻思考。 |
|---|---|
| \multicolumn{2}{l}{《活着》深刻触动了我，它不仅是福贵个人命运的记录，更是对生命、家庭与希望的深刻探讨。书中展现了生命在无尽苦难中的坚韧，以及家庭在逆境中的温暖力量。它让我反思，真正的幸福源自内心的平和与对生命的尊重，而非物质的堆砌。面对生活的挑战，我们应以坚韧不拔的意志去应对，珍惜身边的一切。未来，我将带着这份感悟前行，更加珍惜家人与朋友，勇敢面对生活中的风雨。同时，我也愿将书中传递的积极价值观分享给更多人，共同感受生命的美好与意义。} |

图 5-16 《活着》康奈尔笔记

轻松阅读：如何高效阅读一本书

本节分享了读书笔记的三种有效形式，包括：摘录式读书笔记，通过直接摘抄书中的精华内容以加深记忆和理解；观点式读书笔记，侧重于记录个人对书中内容的见解、感悟或批判性思考；图文式读书笔记，利用图表、图像与文字结合的方式，更直观、创造性地整理与展现书籍的要点与核心。这三种方法各有特色，读者们可根据个人偏好及书籍类型灵活选择，以提升阅读效率与深度。

## 第三节 实现价值转化：阅读转化的四种模式

当你阅读完一本书，并且有效输出后，可以选择尝试价值转化。在阅读的世界中，我们不仅能汲取知识、开阔视野，还可以通过将阅读成果转化为实际价值，实现阅读的跃迁。本节将深入探讨阅读价值转化的四种模式，包括平台投稿、写讲书稿和书评以及付费社群分享，为读者提供实现阅读价值转化的实用指南。

### 一、平台投稿：知识输出的直接转化

平台投稿是一种将阅读成果转化为文字，并通过网络平台进行发布和分享的方式。选择合适的投稿平台并了解平台规则和要求，是投稿成功的关键。通过平台投稿，我们不仅可以扩大个人影响力，还能获得稿费等直接收益。

但是平台投稿也需要大家有敏锐的洞察力去识别哪些平台与自己的内容风格、读者受众相契合，还需深入了解平台的运营规则、读者

偏好及稿酬机制。

以下为获取投稿渠道的四种方法和技巧：

**1. 利用搜索引擎**

最便捷的方法就是打开搜索引擎，直接在搜索框中输入关键词，如"投稿平台""自媒体投稿""杂志投稿"等。然后浏览搜索结果，寻找与我们的内容或领域相关的投稿平台。这种方法比较直观，但是需要我们正确地评估该渠道是否为正规渠道，并且也需要花费一定的时间进行筛选。

**2. 社交媒体和论坛**

比较实用有效的方法是到社交媒体平台上搜索与写作和投稿相关的话题或群组，比如文艺青年聚集的豆瓣和知乎等平台。

我们可以在豆瓣小组里搜索"投稿平台"，这时会出现大量适合新手写作投稿的平台信息，包括投稿渠道、流程和稿费等。这也是我最初寻找写作投稿平台时使用的方法。

当然，我们也可以积极加入一些写作交流群和行业论坛等，与同行互动，获取第一手投稿资讯及经验分享。

**3. 公众号平台**

在微信公众号搜索栏里搜索"投稿"，会找到大量的约稿投稿平台。进入这些平台，我们可以浏览到众多的投稿信息，并找到适合自己的平台。很多与我合作的自媒体平台比如"洞见""有书""读者"等公众号都会直接在其公众号上发布"征稿启事"，包括要求的征稿内容、投稿方式、审核周期和稿费等信息，大家可以根据要求进行投稿。

目前最主流的投稿方式是公众号平台。很多公众号对前面分享的

"摘要式读书笔记"和"观点式读书笔记"的文章需求量很大，稿费也比较可观，不过对文章的质量要求很高，投稿前需要按照征稿要求把读书笔记打磨得更精致。

### 4. 其他平台推荐

除了自由投稿之外，读者也可以在一些具体的平台上通过自己的自媒体号发布文章，比如今日头条、百家号、网易号和简书等，虽然初期收益可能不高，但有助于建立个人品牌，积累粉丝基础，为日后的价值转化打下坚实基础。

当然，还有更多的投稿平台等着我们去发掘。不过无论选择哪个平台，请务必注意平台的信誉度和可靠性，也要仔细阅读平台的投稿要求和规定，确保稿件符合平台的标准，不做无用功。最重要的是要尊重原创，不要抄袭或剽窃他人的作品。期待大家都能顺利开启投稿之旅！

## 二、讲书稿：口播内容的价值转化

很多读者可能不太理解讲书稿，讲书稿其实就是听书软件里"20分钟听完一本书"的文本稿，也就是将书籍内容以口头形式呈现的一种创作方式，所以也可以称之为"听书稿"，字数大概在 6 000~8 000 字。通过讲书稿，我们可以将阅读收获转化为生动的口播内容，吸引听众的关注并传递价值。不过讲书稿的难度会比较大，创作时不仅需要准确传达书籍内容，还要注重语言的生动性和吸引力。

现在不少自媒体平台和听书软件都在大量征集讲书稿，稿费也非常可观！而写讲书稿是一个将书籍内容转化为口播素材的过程，不仅需要准确把握书籍精髓，还要以听众易于接受的方式表达出来。以下是写讲书稿的具体步骤：

**第一步：阅读并理解书籍内容**

需要仔细阅读书籍，深入理解其内容。这包括书籍的主题、结构、主要观点以及论证方式等，在整个阅读过程中我们需要做好记录和备注。

**第二步：提炼书籍的精髓和亮点**

在理解书籍内容的基础上，提炼出书籍的精髓和亮点，这些通常是书籍的核心观点、重要案例或者独特之处。

这个过程有别于撰写"观点式读书笔记"，后者主要是围绕一个主题，然后深入探讨这个主题的观点，偏向个人的解读思考，一本书可以写出数篇不同的观点式读书笔记；而听书稿要求客观理清作者的核心思想，需要尽可能详细地阐述书中的观点。这里更建议借助思维导图来完成，可以有多级主题，一级主题是书名，二级子主题可以提炼书籍中核心观点，三级子主题继续延伸上一个主题的分论点，以此类推。

**第三步：设计讲书稿的结构**

讲书稿的结构通常包括开场引入、作者介绍、书籍介绍、内容解读和总结回顾等部分。在正式写文章之前，最好先列一个提纲。

**第四步：撰写讲书稿**

按照设计好的结构，开始撰写讲书稿。在撰写过程中，注意使用生动、形象的语言，同时保持逻辑清晰和条理分明。

**第五步：修改和完善讲书稿**

完成初稿后，进行多次修改和完善，确保讲书稿的内容准确、语言流畅和逻辑严密。

通过以上五个步骤，我们就可以写出一篇高质量的讲书稿了。当然，写作是一个需要不断练习和提高的过程，只有不断地实践和总结，才能写出更加优秀的讲书稿。

这里提供一篇《小狗钱钱》的讲书稿，我按照上面五个步骤为大家具体拆解：

### 第一步：阅读并理解《小狗钱钱》的内容

《小狗钱钱》是一本关于财商启蒙的书籍，阅读前我浏览了目录、前言，也查阅了作者资料，在阅读过程中，我随时做好记录，把认为重要的观点都记录了下来。

### 第二步：提炼《小狗钱钱》的精髓和亮点

阅读完成后，根据自己的笔记，我做了一张详细的思维导图（见图 5-17）。

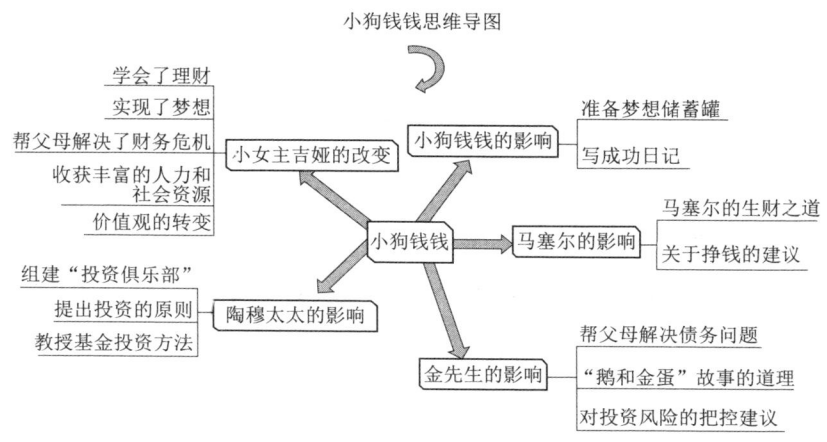

图 5-17 《小狗钱钱》思维导图

## 第三步：设计《小狗钱钱》讲书稿的结构

我把讲书稿的结构拟成了提纲：

> 《小狗钱钱》提纲
> 开头引入
> 第一部分：关于本书
> 第二部分：关于作者
> 第三部分：核心内容（按照重要人物）
> 小狗钱钱（理财意识）
> 梦想储蓄罐
> 成功日记
>
> 马塞尔（挣钱）
> 马塞尔的生意
> 挣钱的建议
>
> 金先生（债务和存储）
> 关于债务的忠告
> 鹅和金蛋的故事
> 风险的把控
>
> 陶穆太太（投资）
> 投资的原则
> 投资的选择

> 吉娅的改变
> 学会理财
> 解决父母的危机
> 额外的收获
>
> 第四部分：总结
> 金句整理

**第四步：正式撰写讲书稿**

根据以上提纲，拆解每一个部分的内容：

**开头引入**：根据每个平台的不同要求，一般讲书稿都会有个简短的引入，类似"开场白"，先抛出话题。我是这么写的：

> 我们每天都会在各种媒体上读到关于成功企业家的财富故事。许多人总会在羡慕他们实现财务自由的同时，却又感叹这条路对自己而言可望而不可即。……我相信你的生活中总会听到这样的言语：
>
> "去一线城市生活？怎么可能，我们家这种情况根本不可能买得起房子。"
>
> "世界那么大，我想去看看……算了吧，没钱。"
>
> "投资？我哪有钱，还完贷款，也就只剩下生活费了，衣服都不敢买。"
>
> "天哪，现在孩子读书要花那么多钱，生一个都不好养了，

## 第五章 通过读书实现价值转化，完成阅读的跃迁

怎么可能还会想再生第二个。"

............

所有人都渴望自己成为富有的人，因为那样就可以实现很多曾经遥不可及的梦想，比如环球旅行。

这样开头的目的是吸引听众对这篇长文感兴趣，所以最好能贴近生活，激发痛点。

**关于本书**：有了以上的引言破题之后，就可以引入本书的概要。

这本《小狗钱钱》就是通过生动的童话故事告诉人们如何学会支配金钱，而不是受金钱所支配。你与富人差的就是真正使用金钱的方法，金钱是有规律的！如果你也可以拥有理财思维，那么找到积累资产的方法，实现财务自由也不是梦。这本畅销书在欧美掀起了一股理财热潮，被誉为《富爸爸穷爸爸》的童话版，语言生动有趣，小孩子也会被其中的故事情节深深吸引，并不知不觉中掌握理财技能。

**关于作者**：深度剖析一本书的内容前，要告诉听众作者的背景：

《小狗钱钱》的作者博多·舍费尔出生于德国，是著名的投资家和企业家，拥有"欧洲巴菲特"和"欧洲金钱教练"的美誉。博多26岁时就陷入了债务危机，但他只用了4年的时间就摆脱了债务，并且开始有利息收入。博多决定分享自己的理财经验，

现在他已经帮助无数的欧洲人解决了个人财务问题。这本书用浅显易懂的知识，帮助每个人理解和掌握理财知识，从而实现自己的愿望。

**核心内容**：接下来这个部分就是"重头戏"，它浓缩了整本书的精华。开始创作前可以先写一段内容简介：

本书一共分成五个部分，围绕和主人公吉娅相关的关键人物展开。第一个部分关于吉娅和小狗钱钱的故事，因为和钱钱的相遇，吉娅展开了她的金钱探秘之旅。第二部分会介绍吉娅的堂兄马塞尔的赚钱之道。第三部分会说小狗钱钱原主人金先生的故事，金先生是吉娅最重要的金钱启蒙老师。第四部分也是关于一个关键人物陶穆太太，她教会吉娅理财的方法。最后一个部分会总结吉娅遇到钱钱之后的各种改变，人生的意义更加丰满。

之后就是对每一个核心内容部分的详细解读，请尽可能客观还原作者的思想。

好了，让我们先来说小狗钱钱的故事。主人公是一名叫吉娅的12岁小女孩，家境普通，在父母买了一栋带花园的房子之后，开始整日都在为高额的债务发愁。吉娅收养了一条无家可归的拉布拉多小白狗，家里人给这条小狗取名叫钱钱。有一个周末，吉娅带着钱钱去河边散步，钱钱不小心掉进湍急的河流中，吉娅奋

## 第五章 通过读书实现价值转化，完成阅读的跃迁

不顾身地救起钱钱，之后钱钱和吉娅的感情更深厚了。不久后的某一天，钱钱突然开口说话了，原来这是一只会说人话的小狗！钱钱告诉吉娅，他一直很感激吉娅的救命之恩，决定当吉娅的经济顾问，与她分享关于钱的问题。

小狗钱钱第一次让吉娅开始思考关于钱的意义。钱钱首先让吉娅写下了自己最想实现的三个愿望，然后分别为这三个愿望准备一个梦想储蓄罐，并且抱着一定能实现愿望的态度去存钱。吉娅虽然觉得不可思议，但还是按照钱钱所说，定下了三个愿望：去美国游学，买一台笔记本电脑，帮爸妈还清债务。钱钱鼓励吉娅每天拿出相关图片提醒自己，并幻想实现心愿后的情景。吉娅很认真地照做了，在"笔记本电脑"和"旧金山"两个储蓄罐里分别存了自己的零花钱，同时为有了梦想而感到兴奋不已。为了让吉娅有自信自己能做到任何事，钱钱让吉娅准备一本"成功日记"，把自己所有做成功的事，无论大小都写进去，之后每次都可以写五条个人小成果。因为这样做可以培养出自信，而一个人能赚多少钱，和这个人的自信心紧密相连。吉娅很开心地照做了，做完这项工作，吉娅感到非常自豪，内心涌现出从来没有过的自信。钱钱也告诉吉娅，一旦决定做什么事，必须在 72 小时内着手去做，否则可能永远都不会做了。吉娅开始觉得生命充满了意义。

钱钱对吉娅的表现很欣慰，他决定给吉娅讲一个有钱小男孩的故事。小男孩达瑞从 8 岁就开始学会给邻居送报纸赚钱，9 岁开始用父亲的电脑写广告，12 岁的时候出版了一本书《孩子挣钱

的250个方法》，15岁时创办了自己的谈话节目，17岁时已经拥有了几百万美金。吉娅听得目瞪口呆，第一次从钱钱口中了解到原来小孩子也可以赚到比大人多得多的钱。钱钱告诉他，那是因为达瑞只把注意力放在自己知道、已经拥有并且能做到的事上，并且勇敢地去实施。如果放在自己力所不能及的方面，很难获取成功。吉娅开始进行深刻的思考。

原来身边就有个活生生的例子，自己的堂兄马塞尔就是现实版的达瑞。马塞尔只比吉娅大10个月，但是已经开始学会自己挣钱了。在吉娅的追问下，马塞尔说了自己的挣钱之道。马塞尔主要通过两件事挣钱，第一件事是周日送面包：与面包师傅谈好，以平时的价格买面包，并以星期天的价格卖给客户，赚取中间的差价同时收取送货费。第二件事是每周去三天敬老院，陪老人们聊天或做游戏，按小时收费。这两项工作使马塞尔能在每个月赚到400多马克的收入。吉娅佩服不已，马塞尔同样也是通过自己喜欢并且擅长的事挣钱。

吉娅不想只积攒零花钱，也想能在业余时间赚取收入。马塞尔知道吉娅喜欢小狗，于是提议让吉娅通过这项爱好挣钱，比如帮邻居遛狗。吉娅认为这是个好主意，于是立即开始制订计划。吉娅的第一个客户是一对老爷爷和老奶奶，两人身体欠佳，不适合每天带自己的狗"拿破仑"出去玩，吉娅觉得他们是最合适的人选。与两位老人的交谈很愉快，他们愿意支付吉娅每天2马克作为遛狗的费用，同时如果每教会拿破仑一个本领，可以额外再获得20马克。这样吉娅每个月也能有一笔可观的收入。吉娅通过做自己喜欢的事，开启了自己的挣钱之路。

　　钱钱帮助吉娅打开了新世界的大门，吉娅对钱钱更好了，但是这个时候，钱钱的主人找到了，就是之后对吉娅影响非常大的金先生。金先生自己有一家理财咨询公司，专为富人当理财顾问。金先生提出，鉴于自己的身体状态欠佳，希望吉娅继续照顾钱钱，并且每天支付10马克作为回报，只需要每周带钱钱到疗养院看望金先生一次。吉娅不好意思地接受了，并开始盘算离实现自己愿望的目标又接近了。但是金先生建议吉娅把这笔收入一半的钱存起来，并且不要使用。吉娅感到很困惑，金先生给吉娅讲了鹅和金蛋的故事。有一个农夫有一只鹅，每天都下一个金蛋。贪婪的农夫嫌弃鹅下蛋速度太慢，把鹅杀死了，从此以后再也没有了金蛋。金先生解释道，鹅代表本金，如果不断地存钱养鹅，通过投资就会得到源源不断的利息，利息相当于金蛋。吉娅有两个选择：一是不存钱等攒够了钱直接去美国；二是存一部分钱，耐心等一段时间，然后用利息去美国。当然两件事可以同时做，这就要对金钱进行合理的分配。聪明的吉娅决定仿效金先生，她决定将以后收入的50%存起来变成"鹅"，40%放入梦想储蓄罐，剩下的10%用来消费。金先生夸奖了吉娅，并建议她立刻去银行开一个账户用于存钱。吉娅听从了金先生的建议，在马塞尔的帮助下，去银行开了账户。

　　吉娅每天坚持写成功日记，也在不断养育自己的"鹅"，财富也开始慢慢积累，只不过爸爸妈妈每天愁眉苦脸的样子，还是让她感到很难过。吉娅希望能帮助爸妈解决债务问题。钱钱之前建议过，如果负债过多的情况下，不要再使用信用卡，因为这会比使用现金时花更多的钱。钱钱也建议吉娅寻求金先生的帮助，于是吉娅说服父母与金先生进行了一次会面。谈话后的父母茅塞顿开，因为金先生给了他们非常好的建议。金先生说服吉娅的父母把分期付款期限拉长了几个月，虽然似乎总债务增加了，但是对于现阶段而言每个月需要还款的金额少了许多，手头上的现金也多了。吉娅的父母也决定用这些现金中一半的钱去养一只属于自己的"鹅"。父母开始很相信金先生，每次金先生举办的理财课都会去听一听。在金先生的建议下，吉娅爸爸雇了两个帮手，虽然支付了不少薪水，但是自己有了更多时间和精力投入擅长的事情中，生意开始逐渐变好，每天都变得很开心。吉娅感到很自豪，因为她通过自己的努力，帮助爸妈摆脱了债务压力，实现了自己的愿望。

　　吉娅的业务也开始拓展，在老爷爷的介绍下，她有了第二个客户，有钱的陶穆太太。陶穆太太需要出门旅游两个星期，她希望这段时间吉娅能照顾自己的狗比安卡。吉娅答应了，但是同时照顾3条狗有些力不从心，在马塞尔的建议下，吉娅请自己的好朋友兼同班同学莫妮卡一同照顾，并支付她一半的收入作为薪水。吉娅认为自己给那么少的薪水给莫妮卡有些不好意思，马塞尔告诉她虽然工作比之前还轻松，但是她对于这个挣钱的想法和付诸行动的勇气值一半的收入。吉娅顿时感到轻松了不少。三个小伙伴尽心尽力，在陶穆太太度假期间，把比安卡照顾得很好。甚至帮助警察抓获了准备窃取陶穆太太家财物的盗贼，同时，他们也

## 第五章　通过读书实现价值转化，完成阅读的跃迁

将财物认真清点了之后保护得很好。旅行回来的陶穆太太非常感动，提议由她本人、吉娅、马塞尔和莫妮卡四人一起组建一个投资俱乐部，共同投资。首先陶穆太太给了他们每个人1 000马克作为保护她财产的报酬，同时建议用这笔钱作为启动资金，于是首先他们一共有了20 000马克的投资本金。每人每个月再存入固定的金额。陶穆太太认真教了他们投资的三条原则：把钱投资到安全的地方、确保这笔钱能下很多"金蛋"、投资流程应该简单明了。

陶穆太太建议大家投资基金，因为基金同时满足这三条原则。陶穆太太解释道，基金比很多理财产品比如股票等更安全，基金是一揽子股票，一只基金至少包含了20家不同公司的股票，可以很好地做到分散风险。股票中有涨也有跌，但是综合来说会保持上涨，只要能够在5~10年内不动用这些钱，基本上是保险的，因为好的基金经理人会管理好这只基金。而且基金的平均收益率也会比单纯存放在银行要高得多，同时基金的操作就跟在银行开一个普通账户一样简单。大家一致同意将这些本金购买一只靠谱的基金。陶穆太太也很认真地提供了挑选最佳基金的原则：基金应该至少有10年的历史，还要选择大型的跨国股票基金，并且要从基金走势图中选出过去10年间年终利润最好的基金。陶穆太太开始教大家看基金走势图，提出不要选择浮动利率高，也就是波动性大的基金，因为那代表着投资人心理上大起大落的变化，风险很大。最后陶穆太太教了大家一个很简单实用的公式，就是用72除以投资回报率的百分比，得出的数就是投资金额翻

一倍所需要的年数。比如说一只基金的投资回报率是15%，那72/15=4.8年，也就是说大约5年，现在的钱可以翻一倍。所有人都兴奋不已，大家用所学的知识，共同选择了一只基金。

可惜过了一段时间，这只基金跌了25%，3个伙伴感到很沮丧。陶穆太太这时候却告诉大家是时候该买进了，这样等同于低价买进，等过一段时间行情恢复之后，相当于大赚了一笔。现在基金下跌，只是数字变化而已，只有当实际卖出这只基金时，才会有真正的损失。即使出现危机，也不需要心急，行情总是会回升的。小伙伴们的心终于平静下来，大家一致决定，再次凑足20 000马克买进这只基金。吉娅筹钱的时候给金先生打了个电话，告知了他们的计划，没想到金先生并不赞同。金先生说绝对不能把所有的钱都投资到基金上，因为不确定行情是否会继续下跌，为了分散风险，可以做绝对保险的投资。金先生建议吉娅他们可以只投资10 000马克到基金，其他多余的钱可以投到银行日拆——这是一种银行向证券公司提供的短期贷款，当天结算，收益率3.5%左右，可以随时支配。吉娅很意外，因为这么低的收益率几乎不可能让她变得富有。金先生表示，这笔钱的目的不是用来积累财富，而是用来对冲通货膨胀，因为这个收益几乎和通胀率差不多。金先生也教了吉娅一个关于72的公式，这次是用来计算金钱贬值的速度：即用72除以通货膨胀率，假如说通胀率为3%，72/3%=24，也就是说24年后钱的价值只值现在的一半。吉娅学到了很多，她决定按照金先生说的做。吉娅算了下自己的鹅总共有3 340马克。吉娅向投资俱乐部成员建议，每人只拿出2 500

## 第五章 通过读书实现价值转化，完成阅读的跃迁

马克，一共 10 000 再次买进基金。她准备把剩下的 840 马克投资到日拆里。吉娅开心极了，自己的鹅终于开始下金蛋了。

吉娅发现自己已经不再是一年前那个吉娅，这都要多亏钱钱的开导。那我们一起来看看，吉娅这一年里都有了哪些变化。吉娅本来只是个普通的小学生，却在开启财商之路后，生活开始变得更有意义。钱钱的出现让吉娅开始想通过自己的努力挣钱，开始明白钱的意义，改变思维之后，吉娅开始遇到一个个让自己变得更好的贵人，磁场相吸，资源也不断地被吸引进来。吉娅学会了挣钱，学会了合理分配财产，学会了理财投资。这看来是一种幸运，但是幸运其实是充分的准备加上无时无刻的努力所带来的。这也是开发财商的重要作用。成功人士的资源也是这样一步步被吸引过来。

在吉娅去银行开户的时候，认识了银行职员海内女士。海内女士对于 12 岁小孩拥有如此聪明的理财计划感到吃惊不已。海内女士是自己孩子学校的家长委员会成员，她很欣赏吉娅，并邀请她在学校活动现场做一次演讲，告诉所有的家长和孩子们自己的理财办法。吉娅感到非常恐慌，从来没有想过自己要在这么多人面前进行演讲。钱钱要求吉娅仔细看一遍自己的成功日记，在认真读完这段时间的所有记录后，吉娅突然感到自信满满，她相信自己能成功！演讲当天，吉娅像平时给大家分享自己的理财经验一样，再次说了自己的故事，演讲获得巨大成功。吉娅的父母、堂兄马塞尔，莫妮卡，邻居们包括金先生都到了现场，吉娅感到从未有过的幸福。最引以为豪的事情，就是那些做起来最艰难的

事情。活动结束之后，有一位出版社的老板，希望吉娅能把自己的故事写成书。有生以来第一次，吉娅意识到原来自己可以做那么多事。

吉娅的遛狗业务已经发展壮大，现在她需要照顾21只狗，她雇了其他孩子一起来完成这件事。吉娅也买了自己的笔记本电脑，她开始学习用电脑进行记账。美国之行也即将实现。当有了理财思维后，吉娅开始有了有钱人的困惑，那就是下一步该从哪里开始挣钱，吉娅每天要思考的东西变得越来越多。对于分配财产，吉娅依然采用了老规矩：50%的钱来养"鹅"，40%的钱用来实现一个个小心愿，剩下的10%作为零用钱。吉娅发现自从开始有了分配思维，"鹅"长大的速度比自己想象中要快。投资俱乐部也越来越成功，小伙伴开始越来越熟悉理财规律，基金规模已经扩展到4只，当然这也多亏了陶穆太太的经验传授。最不可思议的变化就是金先生居然邀请吉娅和他一起合伙开一家公司，专门帮助孩子们投资。吉娅非常激动，一场新的冒险又要开始了。至于钱钱，她说吉娅以后可以完全靠自己了，之后再也没有说过话，钱钱决定认真做一只乖巧的小狗。

总结：这个部分要对之前的内容进行总结，帮助听书人回顾整本书的要点：

好了，说到这里，今天的内容就全部结束了。我们来简单总结一下，钱钱给吉娅灌输了一种思维：钱很重要，因为钱能帮助

## 第五章 通过读书实现价值转化，完成阅读的跃迁

人们实现很多愿望；同时，不能只知道用钱，拥有挣钱的能力也很重要。这只是一个开始，钱钱曾经暗示过一个道理，有些人即使非常认同一个道理，也不会发生任何改变，只是听听而已。吉娅悟出了这个道理，并打开这样的认知，是因为吉娅自己愿意去相信和接受任何改变，有突破自我的勇气。想改变自己的吉娅第一次重新认识了堂兄马塞尔，一个很会挣钱的男孩。在吉娅的真诚请求下，马塞尔教会了吉娅如何通过自己喜欢的并且擅长的事进行挣钱。吉娅的思路被慢慢打开。在马塞尔的建议下，吉娅开始通过帮邻居老爷爷遛狗赚取收入。由此可见，吉娅非常乐意接受别人的建议并且执行力很强。后来吉娅有幸结识了钱钱真正的主人金先生，在与金先生学习和交流的过程中，吉娅学会了分配自己的财产并间接帮助父母摆脱了债务上的压力。就像金先生所说，吉娅很热情，求知欲很强，并且并不是三分钟热度，而是持之以恒地坚持做这些事。这也是吉娅不断有贵人运的原因。由于吉娅工作上的努力，邻居老爷爷介绍了新客户陶穆太太给吉娅，陶穆太太很欣赏吉娅认真负责的态度，由此鼓励和支持吉娅和小伙伴们创建了投资俱乐部，并教会了吉娅真正理财的方法。吉娅的经验和无私分享的精神，也让她获得了更多的机会，比如演讲、被邀请出书，还有成为金先生的合伙人。凡事皆有因果关系，机会总是会有，但是更重要的是也要拥有识别和抓住机会的能力。吉娅的整个人生也因此发生了翻天覆地的变化，开始通向财富自由之路。希望听到这本书的你也可以有所收获，真正和金钱成为朋友！

当然，还可以整理出书中的金句供听书人参考：

> 1. 如果你只抱着试试看的心态，那么你只会以失败告终，你会一事无成。"尝试"纯粹是一种借口，你还没有做，就已经给自己想好了退路。不能试验，你只有两个选择——做或者不做。
> 2. 大多数人都认为工作肯定是一件艰苦而令人不愉快的事情，其实只有做自己喜欢的事情的人，才能真正获得成功。
> 3. 你的自信程度决定了你是否相信自己的能力，是否相信你自己。假如你根本不相信你能做到的话，那么你就根本不会动手去做，而假如你不开始去做，那么你就什么也得不到。
> 4. 成功的建议：第一，为别人解决一个难题，那么你就能赚到许多钱；第二，把精力集中在你知道的，能做的和拥有的东西上。
> 5. 当你决定做一件事情的时候，你必须在72小时之内完成，否则你很可能永远不会再做了。
> 6. 钱可以被用于好的用途，也可以被用于坏的用途。一个幸福的人有了钱会更幸福；而一个悲观忧虑的人，钱越多，烦恼就越多。
> 7. 不要为失去的东西而忧伤，而要对拥有它的时光心存感激。
> 8. 运气其实只是充满准备加上努力工作的结果，准备得越充分，工作得越努力，运气也就越好。

**第五步：修改和完善讲书稿**

完成初稿后，我进行了反复的修改，还曾邀请了家人对我这份讲书稿进行了校对和反馈，把很多内容改得更简单生动，便于理解。

以上就是我写出《小狗钱钱》这篇讲书稿的五个步骤。我们在撰

第五章 通过读书实现价值转化，完成阅读的跃迁

写讲书稿的过程中，要注意始终保持对书籍的热爱和敬畏之情，将书中的精髓和亮点以生动有趣的方式呈现给听众，帮助他们更好地理解和接受这些理念和技巧。

## 三、短视频文案：深度解读引领阅读潮流

在数字化浪潮席卷而来的今天，短视频以短小精悍、直观生动的特点迅速占用了用户的碎片时间，成为信息传播与消费的重要渠道。对于热爱阅读、渴望分享的书籍爱好者而言，短视频文案不仅是一个展示个人见解、深化阅读体验的平台，更是实现阅读价值转化的新蓝海。

### 1. 短视频文案的魅力

随着短视频的兴起，"樊登读书"等解读一本书的口播自媒体逐渐受到人们的欢迎。读书博主也是这些年比较火的博主赛道。比起图文博主，短视频为主的读书博主会价值转化会更明显，很多短视频平台都在大量招募此类读书博主。我业余时间也在做读书博主，这不仅让我的阅读量和阅读力有了增长，同时也给我带来了额外的收入。

除了持续不断地带给他人读书的价值外，短视频文案还有着独特的魅力：

● 直观呈现，吸引眼球：短视频文案（见图5-18）能够将书籍中的精华内容视觉化，会让人产生情感共鸣，增加了互动的体验，提升了内容的吸引力和传播力。

轻松阅读：如何高效阅读一本书

图 5-18　短视频文案

第五章 通过读书实现价值转化，完成阅读的跃迁

● 个性化表达，增强连接：创作者的个性化语言和风格展现，会使书籍推荐更加生动有趣，观众更能感受到创作者的真诚分享，增强与书籍内容的情感连接。

● 适应快节奏生活：在快节奏的现代生活中，短视频的短平快特点更能满足人们快速获取信息、享受阅读乐趣的需求。

所以书评类的短视频文案以直观、深度和快节奏及个性化的特点，吸引了大量观众，激发思考，还增强了与读者的情感连接，成为推广阅读的新动力，值得尝试！

**2. 读书博主的价值转化方式**

很多读者也会疑惑，通过短视频分享书籍真的能实现价值转化吗？答案是肯定的，常见的五种转化方式如下：

● 书籍推广佣金：许多电商平台和出版社都设有书籍推广计划，读书博主可以通过推荐并引导受众购买特定书籍获得佣金。这种方式既促进了书籍的销售，也为博主实现了转化。当然，不同的平台，佣金也会不一样。部分出版社只能置换图书，虽然没有推广佣金，但能免费收获一本好书。这种价值转化方式非常容易达成！

● 短视频制作：不少平台或者出版社会有独立运营的自媒体矩阵，他们会邀请符合要求的读书博主进行短视频的内容创作以及后期剪辑，然后直接购买该条视频发布在对应的平台上。这种转化方式会更直接。

● 平台广告分成：随着粉丝量的增长和视频的广泛传播，读书博主可以通过在视频中嵌入广告或参与平台广告分成计划来实现转化。这种方式要求博主保持高质量的内容输出，以吸引更多品牌合作。同时，平台也会要求博主有一定的粉丝量，当达到每个平台的要求后，

就可以和广告商进行双向选择！

●线下活动与合作：借助短视频平台的影响力，读书博主还可以组织线下读书会和签售会等活动，或与其他文化机构和品牌进行跨界合作，进一步拓宽转化渠道。

●课程开发与销售：基于短视频文案的积累，读书博主可以制作成系统的阅读课程，如阅读方法论、书籍精读课等，通过在线教育平台或自建平台进行转化。很多粉丝数量多的读书博主都有开设个性化的课程。这种方式要求博主具备课程设计与教学的能力。

实际上，短视频读书博主的价值转化方式并不局限于以上五种方式，还有签约机构等方式。等大家成了真正的读书博主后，可以再继续开发更多的价值转化的机会！

**3. 如何打造成功的短视频文案**

短视频文案可以是我们上文中讲的"读书笔记"或"书评"等任何模式，没有特定的写作模式，主要是真实分享自己的阅读感悟和体验，把阅读的乐趣和收获传递给更多的人。不过，如果我们想要让自己制作的短视频能获取足够大的流量，还需要关注以下几个方面：

●精准定位：读书博主类型很多，比如书籍种草、深度讲解、读书方法、写作方法、阅读好物等，要明确自己的擅长领域和受众群体，这样才能制作出符合其兴趣和需求的短视频内容。比如我主要偏向书籍的深度讲解和阅读方法的分享，所以我会在选题和内容的准备上思考更多。

●传递价值：如果是想深度解读书籍为观众提供有意义的见解时，这个时候就适合选择"读书笔记"之类的写作模式；如果是分享推荐书籍，指出书籍的亮点，书单分享是不错的模式，但应有特定的主题。总之，任何视频都需要传递出应有的价值，这样的视频才会更受到平台和出版社的欢迎。

●互动引导：每个视频发布之后，可以鼓励观众在评论区留言、分享阅读感受，通过回复、抽奖等方式增强与观众的互动，提升粉丝黏性。

●持之以恒：我曾经认识的很多博主，因为粉丝数量增长缓慢而丧失信心，或者因为惰性不能坚持更新，最终都放弃了当读书博主。我也是做了大半年的读书博主后，才开始实现真正的转化。要想做好一件事，不仅需要时间和精力的付出，更多的是要保持耐心和平常心，不断复盘，慢慢完善内容，持之以恒总会有收获的一天。

总之，短视频文案作为阅读转化的一种新模式，正以其独特的魅力和广阔的变现空间吸引着越来越多的读书博主加入。在内容创作与分享的过程中，创作者需要注重内容的质量和原创性；需要不断挖掘新的阅读素材和观点，结合自己的思考和见解，创作出有深度和有启发性的内容；同时，还需要关注读者的需求和反馈，与读者建立良好的互动关系，增强读者的黏性和忠诚度。坚持好的内容创作，一定会获得丰富的合作机会和价值。

## 四、付费社群：知识服务的深度转化

付费社群是一种基于共同兴趣和需求而建立的线上或线下社群，成员需要支付一定的费用才能加入并享受社群提供的服务和资源。通过运营付费社群，我们可以将阅读成果转化为专业的知识服务，为成员提供有价值的内容和指导。但是这种价值转化方式会更复杂。

我曾经运营过线上付费阅读社群，为成员提供定期的阅读推荐、深度解读以及线上交流等服务。该社群吸引了不少热爱阅读的成员加入，不同城市、不同年龄的读者相聚一起积极热情地讨论不同书籍带来的意义。在运营这个社群的那段时间，我收获了很多志同道合的书友，也为我带来了一定的收益。如果你有强大的时间管理能力以及运营能力和组织能力，同样可以通过付费社群实现阅读的价值转化。

实现阅读价值转化的四种模式各具特色，但都需要我们具备扎实的阅读基础、敏锐的市场洞察力和优秀的表达能力。通过不断探索和实践，我们一定可以找到适合自己的转化模式，实现阅读的跃迁。

## 第四节 个人成长：价值增值的三种形式

在本节中，我们将探讨读书如何促进个人成长并带来价值的增值。阅读不仅是获取知识的途径，更是一种投资，它可以为我们的人生增添更多可能性和价值，我们也可以将阅读的成果转化为实际的成长和价值。

### 一、读书会赋能

我参加过也组织过不少读书会。我最早接触读书会是在读研究生的时候，当时几位校友成立了读书会，专注于深度解读经典文学作品。

## 第五章 通过读书实现价值转化，完成阅读的跃迁

在一次关于《红楼梦》的分享会中，成员们不仅深入探讨了书中的故事情节和人物性格，还结合历史背景和社会现象，对书中的隐喻和象征进行了深入的解读。这种深度的阅读和讨论不仅提升了大家的文学素养，更在思想碰撞中激发了新的思维火花。

后来我根据参加读书会的体验，也创办了自己的非营利性线下读书会，举办地点为咖啡馆或者书店。第一次我招募了十名同城粉丝在咖啡馆办了一场主题是"女性文学"的读书会，大家热烈讨论了三本文学书——《包法利夫人》、《简爱》和《傲慢与偏见》。当时的讨论持续了三小时，大家依然意犹未尽。后来我又陆续举办了数场读书会。通过参与和举办读书会活动，我在知识积累、技能提升和人际关系开拓等方面都得到了显著的提升。

读书会不仅能够帮助我们积累更多的知识和经验，更能够锻炼我们的思维能力和表达能力。同时，通过与其他人的交流和讨论，我们还能够结交到志同道合的朋友和合作伙伴，拓展自己的人际网络和资源网络。

当然，有能力的人也可以开办付费读书会，这就需要提供更好的服务，给会员带来更好的阅读体验。具体有以下几个方面：

### 1. 精选书单，引领阅读潮流

付费读书会的首要任务是精心挑选书单，每一本书都需要经过认真地筛选与评估，确保每位参与的会员都能在阅读中获得收获与成长。此外，读书会还会根据成员的兴趣与需求，定期更新书单，引领阅读潮流，让会员们始终站在知识的最前沿。

**2. 深度解读，激发思维碰撞**

在付费读书会中，会员们会得到每本书籍深度的解读与剖析。领读人或特邀嘉宾会提前准备，从作者背景、创作动机、核心思想等多个维度进行阐述，帮助会员更好地理解书中内容。同时，读书会还要组织线上或线下的讨论会，鼓励成员分享自己的阅读心得与感悟，提出疑问与见解。这种深度的交流与碰撞，不仅加深了会员们对书籍的理解，也激发了他们的思维活力，促进了知识的创新与传播。

**3. 社群互动，构建学习共同体**

付费读书会不仅仅是一个阅读的平台，更是一个学习的共同体。在这里，成员们虽然来自五湖四海，但因为共同的兴趣与追求而紧密相连。他们相互鼓励、相互支持，在阅读的道路上携手前行。读书会可以定期举办各种互动活动，如读书分享会、主题讨论会、写作比赛等，为会员们提供展示自我、交流思想的舞台。这些活动不仅增强了会员之间的友谊与信任，也促进了他们的共同成长与进步。

**4. 专属服务，提升阅读体验**

为了提升会员的阅读体验，付费读书会还可以提供一系列专属服务。例如，为会员提供电子书籍或纸质书籍的购买渠道与优惠信息；为会员定制个性化的阅读计划与目标；为会员提供一对一的阅读指导与咨询服务等。这些服务不仅让会员感受到读书会的贴心与关怀，也让他们在阅读的过程中更加专注与投入。

**5. 有效运营，保障持续发展**

为了确保付费读书会的持续健康发展，付费读书会还需要付出大量的努力与智慧，不仅要关注书单的更新与解读的质量，也要关注会员的反馈与需求，及时调整运营策略。同时，也要积极拓展合作资源，与出版社、写作者、图书馆等机构建立合作关系，为成员提供更多优质的阅读资源与服务。当然，营造积极向上的学习氛围与和谐友善的社群环境才是最重要的。

如果说阅读是知识的海洋，那读书会则是这片海洋中一艘乘风破浪的航船。通过集体阅读和深入讨论，会员们拓宽了视野，更在思想碰撞中实现了个人成长的跃迁。

## 二、打造个人 IP

自从开始大量阅读书籍后，我就在小红书、视频号等平台开设了"斯蒂芬妖读书"的账号，专注文化阅读领域，分享文学书的深度解读、书单以及阅读方法等（见图 5-19）。这给我的阅读生活带来了更美好的体验，比如不定期地收到编辑们寄来的新书、广告商的合作和其他平台的邀约等，甚至开启了写书之路。其目的是帮助更多的阅读新手在阅读中找到乐趣，给大家带去书中的价值。

阅读除了是获取知识的途径，更是打造个人 IP 的重要基石。通过深入阅读并结合自身的经验和见解进行分享，我们可以有效地塑造自己的专业形象和影响力。

轻松阅读：如何高效阅读一本书

图 5-19　开设账号

要打造阅读领域的个人 IP，我们需要明确自己的定位和兴趣领域，并选择合适的书籍进行阅读。在阅读过程中，不仅要注重理解和吸收书中的知识，更要结合自己的经验和见解进行思考和总结。只有这样，我们才能形成自己独特的观点和见解，为打造个人 IP 提供有力的支撑。

除了分享阅读成果和经验外，我们还可以通过多种方式来推广自己的个人 IP。例如，我们可以利用社交媒体平台发布读书笔记、心得体会或书评等内容，吸引更多的关注者；我们还可以参加相关的线下活动或讲座，与其他领域的专家进行交流和合作，扩大自己的影响力和知名度。

通过打造个人 IP，我们可以获得更多的职业机会和合作资源。例如，我们可能会受到出版社的邀请撰写书评、受到平台的邀请开设专栏或课程等。这些机会和资源不仅能够提升我们的职业地位和收入水平，更能够为我们带来更多的资源支持，进一步推动我们的个人成长和事业发展。

## 三、知识付费课程

现在，利用业余时间学习网课充电，已经成了很多年轻人的学习方式。而阅读是许多知识付费课程的灵感源泉，有能力的读者完全可以通过深入阅读并结合市场需求，将阅读成果转化为具有实用价值和吸引力的知识付费课程。

我认识的不少读书博主已经开设了自己的知识付费课程。比如我的朋友是一位语文老师，她利用课余时间结合自己的教学实践和经验，开发了一系列关于阅读方法和阅读指导的知识付费课程。她的课程受到了广大学习者的好评和追捧，她的个人品牌也得到了极大的提升。

在开发知识付费课程时，我们需要深入挖掘书籍中的知识点和价值，并结合市场需求和学习者的需求进行设计和开发。例如，我们可以选择一些热门或具有实用价值的书籍作为课程的基础内容，并结合自己的见解和经验进行拓展和深化。同时，我们还需要注重课程的实用性和可操作性，确保学习者能够真正从中受益。

除了课程内容的设计外，我们还需要注重课程的推广和营销。例如，我们可以利用社交媒体平台、在线教育平台等渠道进行宣传和推广；我们还可以与其他领域的专家或意见领袖进行合作，共同推广课程并吸引更多的学习者。

通过开设知识付费课程,我们不仅可以实现个人价值的转化,还能进一步提升自己的专业知识和教学能力。与学习者的互动和反馈也能够帮助我们不断完善课程内容和教学方式,提升课程的质量和效果。

读书会赋能、打造个人 IP、知识付费课程,这三种形式相互促进,可以帮助每一位阅读者在知识的海洋中遨游,最终实现自我价值的飞跃。真诚地期待大家能通过阅读获得个人成长!

# 第六章
# 阅读是一生的修行

阅读，是一段没有终点的旅行，也是伴随我们一生的修行。本章将带给大家一些名家的阅读习惯与态度，感受他们与书籍之间不解的情缘。同时，我们也会分享一些值得一读再读的好书，为大家的阅读之旅提供宝贵的指引。更重要的是，我想鼓励大家将阅读融入生活，每周读一本书，让阅读成为一种习惯和一种生活方式。因为，只有真正将阅读融入生命，我们才能在这场修行中不断成长，收获更加丰盈的人生。

阅读，这一简单而又深刻的行为，伴随着我们的成长，塑造着我们的思想，是我们一生的修行。它不仅是知识的积累，更是心灵的滋养和人生的体悟。在这一章中，我们将探讨阅读的力量，分享值得学习的名作家阅读习惯，推荐一生值得读的经典书籍。并倡导将阅读融入生活的每一天，使其成为我们的一种生活方式。

## 第一节　值得学习的名作家阅读习惯

阅读，对于知名作家而言是创作的源泉，更是他们一生的修行。他们独特的阅读之旅，点亮了人类智慧的夜空。他们独特的阅读习惯和阅读态度，为我们提供了宝贵的启示和借鉴，让我们深入探索这些作家的阅读之道吧！

### 1. 鲁迅：批判性思维的刀锋

鲁迅先生的阅读，不仅仅是对文字的浏览，更是一场场思想的交锋。他在《读书杂谈》中深刻阐述了自主思考与批判性阅读的重要性，他写道："读书应自己思索，自己做主。"所以鲁迅先生阅读文学作品时，不仅品味文字之美，更善于挖掘作品背后的社会现实与人性深渊。同时，他也广泛涉猎哲学、历史和社会科学等领域，用跨学科的视角审视世界，形成了自己独到的见解和深邃的思想体系。他的每一次阅读，都是对既有观念的挑战与重塑，为中国现代文学的发展作出了卓越的贡献。

**2. 钱锺书：笔记法的学术迷宫**

钱锺书先生的阅读世界，是一个由笔记构建的学术迷宫。他在牛津大学图书馆的日子里，养成了边读书边记笔记的习惯，对每一本书都进行深入记录和剖析。他的笔记，不仅仅是文字内容的整理，更是思想的火花碰撞与智慧的结晶，这一习惯也持续了十余年。杨绛先生曾提到过，钱锺书做一遍笔记的时间约莫是读这本书的一倍。这种对知识的极致追求与敬畏之心，让人肃然起敬。他的笔记法，不仅帮助他构建了庞大的学术体系，更为后世学者提供了宝贵的研究资料。钱锺书的阅读之道，是对"学无止境"最生动的注解。

**3. 莫言：大地之子的阅读传奇**

诺贝尔文学奖作家莫言有着随遇而安的阅读方式。他的成长之路，是一部关于阅读、苦难与坚持的史诗。他的阅读，始于童年的贫困与渴望，那些在磨盘旁、牛棚里、猪圈边借着微弱灯光阅读的夜晚，成为他一生中最宝贵的记忆。莫言曾多次在文章里提到的"耳朵阅读"，更是展现了他对知识的无限追求与适应能力。他在条件艰苦、书籍缺乏的时候，经常通过听长辈和村里的老人讲故事来"阅读"。更难能可贵的是，他回家后总能把听到的故事复述给家人。这些通过"耳朵阅读"的方式收获来的故事为他之后的创作积累了无数的素材，这些故事如同一颗颗种子，在他心中生根发芽，最终绽放出绚烂的文学之花。莫言的阅读方法，是对阅读力量最生动的诠释，它告诉我们：只要有阅读的渴望，世界就没有边界。

**4. 毛姆：阅读是心灵的避风港**

英国作家毛姆，将阅读视为心灵的避风港。在他看来，阅读不仅是一种获取知识的途径，更是一种精神的慰藉与享受。他曾经写道："培养阅读的习惯就是为你自己构建一座避难所，让你得以逃离人世间几乎所有痛苦与不幸。"所以，毛姆追求的是阅读过程中的纯粹乐趣与深刻满足。对于感兴趣或认为重要的作品，他甚至会进行多次研读，以求全面理解作者的意图与作品的精髓。毛姆特别擅长深入阅读艰深之作，如普鲁斯特的《追忆似水年华》，他能够沉浸在文字的世界中，感受时间的流逝与生命的变迁。毛姆的阅读之道，鼓励我们享受阅读带来的乐趣与宁静，让心灵在知识的海洋中得以栖息。

**5. 弗吉尼亚·伍尔夫：私密阅读的力量**

弗吉尼亚·伍尔夫，这位女性主义文学的先驱，她对阅读的看法充满了女性独有的细腻与力量。在她看来，阅读不仅是获取知识的方式，更是女性实现自我价值和摆脱传统束缚的重要途径。她强调阅读的私密性，认为在独立的空间中阅读可以让女性放松身心、舒缓压力，并找到属于自己的精神家园。伍尔夫在《一间自己的房间》中详细阐述了这一观点，呼吁女性珍视阅读的力量，通过阅读来丰富自己的内心世界和提升自我认知。她的阅读理念，也为女性读者提供了强大的精神支持与鼓励。

这些知名作家，通过阅读汲取养分、启迪智慧、丰富情感、塑造人格，最终成就了在各自领域的辉煌。让我们以他们为榜样，将阅读视为一种生活方式、一种精神追求，在书海中遨游、在智慧中成长。让我们携手共赴这场充满智慧与灵感的阅读之旅吧！

## 第二节　每周读一本书，把阅读当成一种生活方式

阅读，是人类进步的阶梯，是心灵的窗户，是智慧的源泉。学了那么多关于阅读的方法和技巧，阅读已然变得轻松而充满乐趣。在这个信息爆炸的时代，我们或许更应珍视阅读带来的那份宁静与深度。

"书籍是人类知识的总结，书籍是全世界的营养品。"莎士比亚的这句名言，更是道出了阅读的重要性。

### 一、阅读的魅力

每一本书都是一扇通往新世界的窗户，每一次阅读都是一次心灵的旅行。

（1）阅读具有知识魅力。书籍蕴藏着前人的智慧与经验，它们记录着历史的沧桑、科学的进步、文化的繁荣。通过阅读，我们可以站在巨人的肩膀上，俯瞰整个世界。这种持续的学习过程，也让我们在各自的领域保持领先，不断提升自己的竞争力。

（2）阅读具有情感魅力。书籍中的故事、人物和情感都能触动我们的内心，让我们在阅读的过程中产生共鸣和感动。通过阅读我们可以更加深刻地理解人性、生活和社会，与书中的人物建立深厚的情感

联系，感受他们的喜怒哀乐，体验不同的人生。

（3）阅读具有思考魅力。我们可以接触到不同的观点和思想，拓宽自己的思维视角，增强自己的独立思考能力。这种思考的魅力让我们在阅读的过程中不断成长和进步。

阅读的魅力是无穷无尽的。在快节奏的生活中，我们容易感到焦虑和疲惫，阅读则是一种能够让我们放松身心的方式。当我们沉浸在书中的世界时，会暂时忘记外界的纷扰，全身心享受那份宁静与美好。阅读也是一场与自我内心的深度对话，是一种情感的沉浸和灵魂的滋养。这种习惯带来的益处，让人心生欢喜，仿佛拥有了打开幸福之门的钥匙。

我们应该珍惜阅读的机会，把阅读当成一种生活方式，让阅读成为我们生活中不可或缺的一部分。

## 二、每周读完一本书的意义

在快节奏的现代生活中，如果我们把每周读完一本书设定为一项日常目标，其深远的意义会远超出简单的知识积累。这一行为如同在心灵的土壤上播撒种子，随着时间的推移，一定会绽放出智慧与成长的绚烂花朵。

每一本书都是一扇窗，让我们得以窥见不同的世界、了解不同的思想与文化。每周读完一本书，意味着我们有机会与古今中外的智者"对话"，了解他们的经历、观点和智慧。

阅读不仅是获取外部知识的过程，更是深化自我认知、促进个人成长的途径。在书中，我们可能会遇到与自己相似或截然不同的角色，通过他们的故事和经历，我们得以反思自己的价值观、信念和行为模式。这种自我审视的过程，有助于我们更好地理解自己和接纳自己，并朝着更加成熟和完善的方向成长。

阅读文学作品、心理学书籍能够帮助我们更好地理解人类的情感和行为。通过书中的故事和案例，我们学会识别、理解和管理自己的情绪，以及与他人建立更加和谐的关系。这种情绪智力的提升，不仅能够让我们在面对生活中的挑战时更加从容不迫，还能够提升我们的整体生活质量，让我们更加幸福和满足。

在知识爆炸的时代，终身学习已成为一种必然的选择。每周读完一本书，不仅是对知识的持续追求，更是对自我提升的不懈努力，让我们在人生的旅途中不断发现新的可能性和机会。

阅读是一种精神享受，它能够带给我们无尽的乐趣和满足感。在书中，我们可以得到答案、找到共鸣、获得慰藉。这种精神上的滋养和满足，能够让我们在忙碌和浮躁的生活中找到一片宁静的港湾，提升我们的幸福感和生活质量。

当然，实现"每周读完一本书"的目标需要时间和努力。在这个过程中，可能会遇到挫折和困难。但请保持耐心和毅力，相信自己一定能够克服困难、实现目标。

这种坚持，让我们在繁忙的工作与生活之外找到了一片属于自己的静谧之地，让我们可以在知识的海洋中畅游，感受智慧的碰撞与交融。它激发了我们的好奇心与求知欲，促使我们不断追求进步与成长，成为我们不断前行的重要动力。

因此，每周读完一本书，不仅仅是一种习惯或任务，更是一种对生活的热爱与追求。它让我们的每一天都充满了新的期待与惊喜，也让我们在成长的道路上越走越远，越走越宽广。

## 三、把阅读当作一种生活方式

把阅读当作一种生活方式，意味着我们要将阅读融入日常生活的方方面面。

我们可以在早晨起床后读一段优美的散文，让心灵在清新的空气中得到净化；我们可以在午后的阳光下读一本历史小说，让思绪在历史的长河中穿梭；我们可以在夜晚的宁静中读一本哲学著作，让智慧在黑暗中闪烁。

我们还可以参加各种阅读活动，与志同道合的朋友一起分享阅读的乐趣和收获，在共同阅读的过程中增进感情，分享彼此的心得和感悟。

在快节奏的现代生活中，阅读作为一种独特的生活方式，不仅能够丰富我们的知识，更能够为我们提供宝贵的情绪价值。当我们沉浸在书的世界中，那些文字仿佛有了生命，它们讲述着不同的故事，展现着各样的情感。当我们感到疲惫或沮丧时，一本好书就像一位贴心的朋友，陪伴我们渡过难关。阅读也能够让我们暂时忘却烦恼，将注意力集中在文字上，从而让我们的心灵得到放松和疗愈。

惠普尔说："书籍是屹立在时间的汪洋大海中的灯塔。"让我们把阅读当作一种习惯，一种享受，一种生活方式吧，让它在我们的生活中绽放出独特的光彩。

## 第三节　一生值得读的好书分享

阅读，是心灵的旅行，是智慧的积累，更是人生路上不可或缺的伴侣。在众多的书籍中，总有一些作品，它们以其独特的魅力，吸引着我们去探索、去品味。这些书籍，不仅代表着人类文明的精华，更是我们成长道路上不可或缺的精神食粮。

这一节，我想向大家推荐一些我很喜欢的书。它们曾给予我陪伴，为我点亮前行的道路，也如同暖阳般抚慰我的心灵。我真诚地希望它们同样能为正在看书的你带来力量，帮助你成为更好的自己。

### 一、文学类

阅读文学作品，仿佛是一场穿越时空的奇妙之旅。在书页间，我们随着主角的喜怒哀乐而起伏，体验着不同的生活与情感，仿佛亲身经历了无数次的悲欢离合。那些复杂的情感、细腻的描写和深刻的思考，都在无声无息中滋养着我们的心灵。我们学会了如何去爱、如何去宽容、如何去坚持，在我们面对生活中的困难与挑战时，这些品质成为我们最坚实的力量。

**1.《红楼梦》——（清）曹雪芹**

《红楼梦》是中国古典文学的瑰宝。作者曹雪芹将自己一生的孤愤与遭遇倾注其中，创作出这部具有深厚情感底蕴的作品。它以贾、史、王、薛四大家族的兴衰为背景，以贾宝玉、林黛玉、薛宝钗的爱情悲剧为主线，展现了封建社会的种种虚伪和罪恶。这部小说以其丰富的人物塑造、细腻的情感描绘和深刻的社会寓意，让人在阅读中沉浸于那个充满悲欢离合的世界。

在我心中，《红楼梦》不仅是中国古典小说的巅峰之作，更是一部具有深刻思想内涵的哲学著作。它让我思考了生命的意义和价值，以及如何面对生活中的困难和挑战。这些思考对我个人的成长和发展有着深远的影响。

### 2.《活着》——余华

《活着》这本书真的可以作为每个人一生必读的经典。余华通过这部让人痛彻心扉的作品，让我们看到了人性的光辉和生命的坚韧。小说以中国近现代的动荡时期为背景，通过描写福贵一生的遭遇，展现了那个时代人们的生活状态和精神风貌。读者在阅读中仿佛穿越到了那个充满战争和灾难的年代，感受到了历史的沉重和残酷。

《活着》获得了包括意大利格林扎纳·卡佛文学奖最高奖项在内的多个国内外奖项，足以证明其文学价值和影响力。这部作品也让我深刻地体会到了人生的不易和生命的脆弱，但同时也让我看到了生命的力量和珍贵。

### 3.《平凡的世界》——路遥

《平凡的世界》是一部让人感动至深的作品，路遥通过这部作品，让我们看到了平凡人的伟大和生命的价值。作品讲述了主人公孙少安和孙少平两兄弟的故事，他们的喜怒哀乐、奋斗与挣扎，都让人感同身受。这本书被誉为中国当代文学的经典之作，其独特的艺术风格和深刻的思想内涵都让人印象深刻。

很庆幸自己年少时就看了这部作品，它曾鼓励我勇敢地走出舒适圈，去一路奋斗追逐理想的生活。

### 4.《包法利夫人》——（法）福楼拜

《包法利夫人》是一部揭示人性与欲望的经典之作，作为19世纪现实主义文学的代表作之一，其文学艺术价值极高，被誉为世界文学的经典之作。作者福楼拜用细腻的笔触描绘了一位女性艾玛（女主人公）对爱情的挣扎与追求，她原本美丽聪慧，却在欲望中越陷越深，最终走向悲剧。同时也通过描述女主人公的命运反映出19世纪法国社会的虚伪和腐朽以及女性在社会中的地位和困境。

当然，艾玛的遭遇、经历和内心的欲望，很容易引起人们的共鸣，仿佛这些故事就发生在此时此刻的自己身边，所以读完此书的人都会有所感悟："人人都是包法利夫人。"

## 二、哲学心理类

哲学心理类书籍，如同心灵的指南针，引领我们穿越内心的迷雾，探索自我与世界的深层联系。在快节奏的现代生活中，我们时常感到迷茫、焦虑，这些书籍以其深邃的思考和独特的视角，为我们提供了一面镜子，让我们能够更清晰地审视自己的内心世界，理解人性的复杂与多样。它们让我们在忙碌和喧嚣中找到一片宁静的角落，静下心来思考生活的意义，探寻内心的声音。此类书籍每一页都充满了启示，每一次阅读都是一次心灵的洗礼。